寫在前面的話

　　本書原文是我用英文寫成的，原名 *Do Nothing and Do Everything: An Illustrated New Taoism,* 2009 年在美國出版。現根據原文翻譯成中文。此中文本雖然源自本人英文原著，但英文譯成中文之後，也難免有青澀之處。不過這也令人從另一個角度思考同一個問題，即從外文語境看中國傳統。如完全改成中文的語法習慣，也就失去了從西向東逆觀看老子的初衷。諸君或茶餘飯後，或度假工餘，和在下一起從西向東同登大荒山之巔、遊無何有之鄉、訪兩千年前大徹大悟的哲人，也算咱們一段緣分。

趙啟光

2012年10月1日於上海虹橋路

無為無不為

趙啟光　著

目次

自序

　　本書根據我1997年以來一直教授的課程《道家健康與長壽之道：太極和其他方式》撰寫而成。剛開始的時候我只有六名學生；15年後，學生增加十多倍。這門課程成為卡爾頓學院最受歡迎的課程。在課堂上，我跟我的學生們都沉浸在道家那種神秘又寧靜的氛圍裡。我們隨老子騎牛出關，跟莊子觀魚知其樂，同列子禦風而行，在坎農河（Cannon River）邊練張三豐的太極。大家相約200年後在蓬萊島上、大荒山下再相會。

　　在校園的湖裡有兩座島嶼，在此我跟學生們相處融洽。在古老的哲學思想家面前，我們之間沒有代溝也沒有文化差異。我們甚至用《道德經》第一篇的內容作為我們班的暗號。第一個學生說：「道可道，」第二個學生要回道：「非常道。」第一個學生再說：「名可名，」第二個學生接著說：「非常名。」兩百年後再相遇時，他們也許彼此不能認出，但有了這個暗號，他們就能知會對方。每位學生都背會了這個暗號作為他們學會的第一句中國詩。他們當中的許多人，之前都沒有說過中國話，奇怪的是，他們大多數人都發音準確。即使學習漢語多年，要準確發音也不是件易事，難道這就是《道德經》的神奇魔力嗎？

　　有一年，在這門課的最後一堂課上，有些學生跳進湖裡練太極來展現道家信徒對水的偏愛。我意識到儘管讀的是英文版教材，美國學生依然能夠真切領悟到道家思想的精髓。這讓我對道家思想在不同語言和不同文化間的傳播力充滿信心。思想不會只屬於其自身的發源

地，它應屬於任何樂於學習和瞭解它的人。每個人都能夠從中汲取養分，受到啟迪，獲得健康和長壽。

關於中文專有名詞的拼寫問題：在英文版中，本人在道家（Taoism）、孔子（Confucius）和太極（Tai Chi）等重要人名及術語的拼寫中均採用了傳統的拼寫方法，因為這些詞彙現已真正融入英語，成為英語的一部分。而對於莊子（Zhuangzi），列子（Liezi）和項羽（Xiang Yu）等尚未耳熟能詳的人名或術語，我則選用了現代漢語拼音的拼寫方式。這種新舊拼音體系的混合使用恰恰體現出中國文化在過去50年中發生的快速變化。

除特別說明外，英文版中老子的全部引言均出自《道德經：全新翻譯與注解》（The Tao Te Ching: A New Translation and Commentary）一書，作者陳張婉辛（Ellen M. Chen），由聖保羅佩勒根出版社（Paragon House）於1989年出版。

前言

　　本書即將完稿之際，我的母親王淑賢教授去世了。她生前是物理學家、詩人和運動員，還是一位偉大的母親。我突然間面對生與死，這不是課堂探討的理論，而是現實生活的挑戰。生命如此待我們真是難以接受，似乎不公得有些離譜。起初我們被賜予生命，而後來生命又在未經我們允許的情況下被匆匆帶走。失去了智慧的母親的保護，我覺得自己不得不馬上解開生死之謎。

　　我們無法選擇何時死去，以何種方式離開。但是我們可以決定在什麼時候活著——就是現在。把握今天，勿寄託于明天。死亡不意味著永恆，永恆存在於我們生命中的每時每刻，我們此時此刻就置身在其中。只要我們不再自以為是地覺得自己能夠控制生命，我們就能夠擁有永恆。月亮閃爍在白雪之上，行星圍繞著恒星公轉，黑洞吞噬著天上的星球。面對這樣的自然現象，我們無法改變，所以就順其自然吧。而我們的日常生活是宇宙的一部分，雖如滄海一粟，卻也能以小見大。正如我們無法改變太陽運行的軌道，我們亦無法決定生活中的所有事情。因此，現在我們應該接受悲痛，珍惜快樂，享受生活。

　　現今社會，人們並沒有完全活出自我，只活出了 20%。這辛辛苦苦獲得的 20% 則是成功、財富和名譽，而其餘的 80% 的生活輕而易舉便能獲得。只需遵循自然的規律，生活就會慷慨地給予你很多。從你家到辦公室的途中就有無數個幸福的時刻：一隻小松鼠從你身邊跑過，一滴雨水灑落在你身上，一位陌生人向你打招呼等等。只要你留

心，就能發現生活中的幸福。你不用刻意去勉強為之，一切都是水到渠成。

　　無為與無不為是人生戰場的兩翼。人在一生中，如果總是對抗就會感到束縛。我認為，人應該在生活中努力實現無為或無不為，而不是總去對抗。無為需要勇氣，會帶來自由，我們應輕鬆應對，無需焦慮，也無需猶豫。靜靜地坐在海灘上是無為，勇敢地在海洋中游泳是無不為。無為與無不為之間沒有不可逾越的障礙。只要我們不為逾越這些障礙感到焦慮或猶豫，我們就是自由的。

　　如果打算逾越這些障礙，就不要猶豫，不要因為別人的想法而感到困擾。聆聽自然的聲音，為自己而活。你肯定不希望等到生命的最後時刻才發現自己只是碌碌無為地度過了一生。你也應該體會到生命的廣博與多彩。這樣，等你離世時，就不會說：「我怎麼不這樣做」或者「我幹嗎那樣做」，而是說：「我無怨無悔，我曾經來過。無為了或無不為了，現在我要離去，我覺得十分快樂。」

趙啟光

于美國明尼蘇達州北田鎮

2008 年 8 月

第一章
現代道家的宣言

學生：您是道教徒嗎？

趙啟光：我不願意被冠以教徒的稱號，古代道教的思想家和他們的著作都已成為歷史。我受道教的薰陶和影響，但是我也保持心靈的自由，可以任意翱翔。

學生：實用新道家指的是什麼？

趙啟光：實用新道家挖掘古代道家思想，廣采儒家、佛家等其他理論學說，結合現代科學，解決當代人生問題，試圖揭秘處於半睡半醒之間，生與死之間，現在、過去和未來之間，以及無為和無不為之間的心靈狀態。

無為，即不刻意去做任何事情；無不為，即去做每一件事情。這就是我們應對現代生活種種考驗時應有的心態。我們懷疑時間的存在性和重要性，「無」意為「沒有」，「為」意為「作為」。所以「無為」就是「拒絕勉強作為」或「不刻意做任何事情」，「無不為」可譯為「做成所有事」，因為「不」是沒有的意思，再加上一個「無」就形成了雙重否定，即只表示了一個「為」；強調「做成了所有事」或者「沒有任何未成就的事情」。

無為，「什麼都不刻意做」，是遵循了自然的法則、宇宙運行之規律。世間所有事情都在宇宙中發生，如果你遵循神奇的自然規律，你生活中的每一天也將充滿奇跡。

無為是一種智慧，恰如您對生活說：「我相信你，做你想做的吧。」當無為成為一種習慣，生活總會回報給你意想不到的奇跡。

無不為，即自然成就每件事情，是好習慣的培養過程。我們無需費力去解決生活中遇到的每一個基本問題。我們只需要遵循已養成的好習慣，就像數學家可以應用既定的方程式而無需再次證明一樣。

無為是一種謙遜，是知道每個人都有自己的理想，每個東西都有它的歸屬，自然和社會均有其運行的規則。無不為正是在種種規則中自由駕馭的勇氣。

無為是知道一切順利時的歡愉。無為不是拒絕做所有的事情，而是只拒絕做無關緊要的事情。無為是效率，是無不為的前提條件，無為需要放下次要的事情，專心做主要的事情。只有做到了無為，才有可能做到無不為。

無為是保持養生的秘方。只有放下焦慮，你才能以健康的心態和身體去做每一件事。

我們尊重他人的思想意識，但不會毫無選擇地全盤接受。我們不會輕易認同他人的觀點：因為每個人都有自己的想法。

我們仰望星空，將自己與星星作比較。我們不會時時窺探鄰居，幸災樂禍，也不會嫉妒他們的成功，對彼此間的差距怒不可遏。

我們是孤獨的。當我們思考、感受和行動時，我們會將自己與外界隔離開來。我們與世界對話，我們聆聽，我們觀察，我們置身其中。但我們秉持以道為中心，如同懸崖般屹立在波濤洶湧的大海邊。無論外界在大海上激起點點漣漪，片片浪花，還是狂風暴雨，懸崖都將屹立不倒，並越來越高。根植於道家思想的我們可以平靜地面對呼嘯而來的波浪，淡定地欣賞永難壓倒的洶湧潮汐。

我們依託軀體來思考，而軀體又總是受到大腦的指揮。當我們勻速運動時，身體就會發出資訊，那是一種生理反應，它使大腦更接近於宇宙的統一模式。

　　我們創造一個超現實的世界，在雲中飛舞，乘虹而行。

　　這個世界已經很長時間沒有聽到充滿新思想的聲音，沒有體驗新的生活方式。我們希望這種聲音能夠呼應古老的呼喚，能以一種新的形式撫慰心靈。我們想創立一種語言之外的人際交流模式。

　　我們不是費盡心思讀書的學者，而是把知識應用于生活的藝術家，讓我們開創和鍛造古代世界和我們生活之間缺失的那部分連結。讓我們穿越專業學術的荊棘和低俗的文藝手法之林，去欣賞那片被遺忘的寧靜世界。

　　讓我們去尋找愛，一種廣義的愛，它的對象不是情人，也不是階級或者民族，而是一種美妙的、遍及整個宇宙的概念。這種愛告訴你、指導你、啟發你、支撐你去應對世界上的挑戰，從而形成健康和諧的思維方式、生活方式、處世方式和生存方式。

　　我們要知道如何放鬆，如何無為，因為宇宙之中，無數光年之遠的星星靜靜地閃耀在地球的上空，地球二十四小時自轉一周，這些都是無為無不為的表現。既然宇宙可以，我們也可以。我們也知道如何在毫無憂慮的心境下實現無不為，因為，我們每個人都只是這個世界的匆匆過客。

第二章
諸子百家 秉承一道

　　在以儒家思想為主導的文化體系下（儒家思想主要強調道德、仁義和禮數），思想家們自發地發出各自與眾不同的聲音，彼此共鳴。

　　老子是《道德經》的作者，是春秋時期（西元前 770 年至西元前 476 年）約與孔子同一時代的智者。他出生于楚國，是周王朝的守藏史（管理圖書的官員）。而就像莎士比亞一樣，作者的實際身份遠不如其作品的內容重要。據說，老子當年倒騎青牛出函谷關時，門衛勸說他寫下《道德經》，記錄自己的哲學思想。

　　莊子生活於西元前四世紀，他是儒家思想的反對派，是老子思想的追隨者。在其著作中，他總是嘲諷當時盛行的儒家思想和墨家思想。老子和莊子一起被視為道家（不同於道教）思想之父。

　　列子是另外一位道家思想的代表人物。列子的學說跟莊子的很相近。據推斷，他生活在戰國初期（西元前 475 年至西元前 221 年），然而他現存的著作卻呈現出後世學者的思想和寫作風格。

　　孔夫子（西元前 551 年至西元前 479 年）不管在道德上還是政治上，都被譽為主導中國哲學的思想家。在戰國時期，孟子（西元前 372 年至西元前 289 年）發展了孔子的思想並將其系統化。隨著漢王朝（西元前 206 年到西元 220 年）採用儒家思想作為正統道德和政治思想的信條，儒家思想逐漸廣泛流傳，「學者」也幾乎成了「儒者」的代名詞。孔子也經常討論「道」，但此道非彼道，與老子和莊子所說的「道」是有區別的。儘管他很尊重老子，也很欣賞他的思想，但在很多方面孔子的思想與道家思想是相對立的。儒家思想的八大法則

是孝、悌、忠、信、禮、義、廉、恥。儒家思想特別強調「禮」和「義」，這與道家思想形成了鮮明的對比。

孔子在「論語」中說：

子曰：
學而時習之，不亦說乎？
有朋自遠方來，不亦樂乎？
人不知而不慍，不亦君子乎？

相比較而言，老子曾雲：

絕學無憂。
唯之與阿，相去幾何？
善之與惡，相去若何？
人之所謂，不可不畏。荒兮，其未央哉！

老子與莊子相隔 200 年，而莊子距今已不止 2000 年。

今天我們相聚於此，回答莊子的問題，就像他當年回答老子那樣。

吾若不敢，誰敢為主，
吾若不願，誰予願為。
兩千年之遠便聞爾聲，
萬余米之隔便見爾旗。
我們漫無目的地走，不問世事，已知生命的真諦。

　　下麵這首滑稽的詩是從父親那裡學來的，在「文革」期間他總會吟誦這一段。這是選自京劇的幾句臺詞。強盜手握大刀，攔住過路的英雄大聲咆哮：

　　　　此路是我開，

　　　　此樹是我栽，

　　　　要想從此過，

　　　　留下買路財。

　　　　牙蹦半個說不字，

　　　　一刀一個不管埋。

　　英雄笑謂強盜：「我願給你留些錢財，可我的兩位朋友不同意。」

　　強盜追問道：「哪兩個？」

　　英雄舉起他的右拳：「這便是我的第一個朋友，」然後他又揮出左拳，「這是我第二個朋友。」

　　「哇呀呀呀。」強盜便跳到英雄面前，開始了一場激烈的搏鬥，最終英雄得勝。

　　我們生活中也有兩位朋友，就是孔子和老子。只選其一，你的生命就不算完整。我們可以講求實際也可以追求精神，可以醒著也可以夢著。在有方向與無方向、無不為與無為之間找到平衡點。

第三章
「放輕鬆」與「注意點」

　　我們可以將儒家思想和道家思想看作人們面對社會壓力時表現出來的兩種截然相反的態度。儒家思想注重社會關係與行為，而道家思想卻更個性、更悠閒，受自然影響很大。

　　我發現美國人有兩種表達方式可以反映道家和儒家的態度。雖然它們均意為「再見」，但是我們可以認為，它們代表了儒家和道家的人生哲學。20世紀80年代初，我剛來到美國讀研究生時發現，美國人說再見與我在中國讀書時從課本裡學到的表達方式很不一樣。以前在中國的時候，所學的都是很正式的英式英語。我記得以前學過好幾種再見的說法，甚至包括英國人鄭重其事的告別語，「別了」（Cheerio）或「後會有期」（Farewell until we meet again）。在美國聽完第一堂課之後，我走到老師面前，照本宣科地向老師道別：「Farewell.」老師笑了笑，回答說，「Take it easy.」（放輕鬆或再見）我當時只從字面去理解老師的話，將其當作對我的建議，所以我想自己肯定在課上表現得太緊張了。所以下次上課時，我儘量讓自己放輕鬆，甚至打斷同學們的發言，大膽地說一些自己的看法和意見。下課的時候，我再一次走到老師面前和他道別。猜他的回答是什麼？他說：「Take care.」（注意點或再見）這次竟然不是勸我放鬆而是警告我注意點。我想肯定是在告誡我不要如此粗心大意。可能我放鬆過頭了，確實應該注意一下自己的行為舉止。

　　經過幾番在「Take it easy」（放輕鬆）和「Take care」（注意點）之間的周旋，我才明白這都是美國人隨意道別的方式，其中完全沒有

建議或者告誡的成分。現在，每聽到這兩句話，我都會不由自主地笑起來，因為它總是讓我回想起剛到美國的那段時光。

這兩種表達也反映了孔子和老子兩位大家相反的哲學態度。儒家學者會說「注意點」，而道家學者會說「放輕鬆」。

老子勸說眾人，要遠離人類欲望的長河，回歸自然的本真。而孔子卻認為，學習典籍，瞭解裡面的人物，能夠幫助我們分善惡、知美醜、辨高低。老子的觀點是破除用知識判斷的妄見，就是放棄追名逐利，不再妄加判斷區別，不再追尋欲望。這樣就能無為，或順其自然地作為，從而獲得精神上的自由。

孔子處世的態度是「注意點」，即謹言慎行。而老子的態度是「放輕鬆」，自然無為。孔子為未來和事情的後續發展擔憂，老子則享受此時此刻的安靜和諧。孔子看重生命與名譽，在攀登生命之峰的過程中，儒家學者認識到通向輝煌的道路總是坎坷的。所以他們總是在告誡和囑咐後面的攀行者：當心，當心啊！

道家思想家認為生老病死是必然的。他們接受任何發自內心的嗜好，不壓制任何欲望，從來不會感受到名利的鞭策。他漫步人生，集所有人生樂事，隨興為之。因為不追求個人的得失和名譽，他們就不會去憂慮和擔心。名和利都是暫時的，不是永久的。他們登上人生之峰，遙望著染紅天際的斜陽，悠然自得地說：「放輕鬆（再見）。」

第四章
欣然接受　泰然處之

　　受儒家思想影響的道家學者會說：「Take it easy but take it.」（放輕鬆，但要認真對待）如果你既無法像儒家學者那樣一味小心謹慎，也不願像道家學者那樣只顧放輕鬆，那麼，你可以放輕鬆，欣然接受，然後泰然處之。這種做法可能最接近無為而無不為的理念。無為不是消極地什麼都不做，而是說不刻意做任何事情。如竹影掃過草坪不揮去一絲塵埃，月光透過濕地卻不留一絲痕跡。中國有一句成語叫「順水推舟」，意為借助機會前進，或者根據形勢給予明智的建議。

　　羅奈爾得‧雷根是唯一一位曾引用老子名言的美國總統，他在 1988 年國情咨文裡引用老子的「治大國若烹小鮮」。意思是說，煮小魚的時候不用頻繁翻炒，也不用煮太長時間。他持保守理念，認為政府少干預的自由市場有利於推動經濟發展。他處理國際事務的方式，同樣體現了這一基本理念。

　　有些人以為雷根摧毀了蘇聯，他那抑揚頓挫的演員般的聲調，至今仍在迴響：「戈巴契夫先生，推倒這座牆吧！」隨後，柏林牆立刻倒下：「鐵幕」被拉下，美國成了「唯一的超級大國」。所謂的西方世界和國家紛紛站起來喊道：「幹得好！羅仔！」誰是羅仔？魔術師？歌手？還是中國的秦始皇？他用了什麼魔法改變了「邪惡帝國」的色彩，是什麼樣的智慧使他受到如此愛戴？他擁有什麼樣的力量竟然能摧毀那所謂的難以戰勝的對手？

　　為他喝彩的人自己根本理不清為什麼「邪惡帝國」會突然坍塌，也弄不明白雷根在其中做了哪些貢獻，所以他們解釋說雷根誘使蘇聯

加入軍備競賽，拖了蘇聯經濟發展的後腿。一邊，雷根可在工作日拿出整個下午悠閒地打高爾夫，另一邊，蘇聯這個橫跨六個時區的大國便自然而然地走向滅亡。事實上，美國與蘇聯的軍備競賽早在雷根和戈巴契夫之前就有 40 年的歷史了，而且每屆美國總統都想在這場競賽中打贏蘇聯。盡心盡力做了 40 年的事，誰也用不著去誘導誰了。

蘇聯是因其不堪重負而解體的。雷根總統的魔力、智慧和力量都在於無為，或者順其自然。雷根沒有採取任何措施去摧毀蘇聯，他只是隨意任魚在鍋裡慢慢變熟。蘇聯倒下是由於它自身內部的原因。

當我們稱雷根無為時，絲毫沒有損毀他聲譽的意思。恰恰相反，美國人真應特別感謝這位總統。如果他採取了什麼措施，比如入侵，蘇聯帝國肯定至少還能再挺幾十年。拿破崙和希特勒都發現，俄國是無法靠入侵來征服的。事實上，入侵只會讓俄國變得更強。由於三權分立體制，美國總統在國內的權力是受限制的，但是作為「軍隊最高統帥」，在國際軍事行動上，美國總統幾乎擁有全權決策的權力。如果他們想利用總統這個職位做點事情，或者想拿手中的軍權一試究竟，他們就會傾向於去侵略。對於這些手握大權的領導人而言，他們的悲劇在於不懂得如何順其自然，如何無為而治。

我們總是會處在危機中。然而有「危」就有「機」。而且，這個世界比我們看到的要複雜得多，我們無法準確判斷什麼樣的情況對我們有利。如果不確定，最好的做法就是接受現實，順其自然。老子說，「禍兮福之所倚，福兮禍之所伏。」若處於兩難的不利境地，我們首先要無為，接受現實，試著去尋找突破口，從容地扭轉局勢。如果奏效，我們會很省時省力。如果失敗，至少我們也不會因做錯決定而雪上加霜或消耗物理學中的「無用功」。

第五章
無為

　　無為是道家哲學的基本準則。「無」可以理解為「沒有」，「不」；「為」就是「做」或者「作為」。按字面意思理解無為就是「沒有行動」或者「沒有作為」。為什麼無為？如果我們什麼都不做，那我們應該幹些什麼呢？

　　對於我們來說無為就是遵循自然規律，意味著掙脫憂慮的枷鎖，認識到並非每件事都有助於實現你的生活目標；也意味著讓自己歇一歇，明白過程比結果更加美好。

　　無為是養成一種習慣，讓它伴隨你一生。從此，你便無需在每時每刻不停地作出決定。我是現在就起床還是七點半再起呢？我抽不抽煙呢？我是做樂觀主義者還是做悲觀主義者呢？無為的習慣一旦建立，你便可以徹底擺脫每時、每天、每週、每年不停地抉擇的困擾。你用不著徹底解決所有問題，也無需糾結於「為」還是「不為」的問題，因為「為」早已是一種習慣。我們應該有七種、七十種、七百種、七百萬種好的習慣，這樣便不需要每次再去重新培養或費力琢磨。通過這些好習慣，我們還可避免無事生非的情況出現。小鳥在蔚藍色的天空中飛翔，看似毫不費力，但它的上百塊肌肉都在運動，它不需要一一考慮其中任何一個動作。好的習慣就是這樣，自然安詳，就像溪邊生長的竹子，河裡漂浮的小船，還有天空滑行的雲彩。

　　無為總是遭到人們的誤解。在現今的中國，如果你告訴別人你通道家，有時人們會問你：「哦，是無為的哲學吧？為什麼你要信這種虛度光陰的哲學呢？」說實話，無為不是消極地什麼都不做，而是知

道何時該行動，何時該收手，這也同樣適用於無不為的悖論當中。無為的目標就是與道達成一種自然和諧的狀態，進而獲得無形的上善力量。

「是以聖人處無為之事，行不言之教，萬物作焉而不辭，生而不有，為而不恃，夫唯弗居，是以不去。」不過分強求，在正確的時間做正確的事才能打開成功之門。道家認為宇宙用自己的方式在和諧地運轉，因為人類把自己的意志強加給了世界，而破壞了其本身的和諧。這並不是說我們不能將自己的意願付諸行動，只是說我們的行為「是否」、「何時」，以及「如何」與自然規律融為一體。無為也經常被理解為放任自流或故作鎮定。這並不是說它代表著無所事事的懶惰，或者是心智愚蠢的表現。恰恰相反，它是無為地遵循自然發展規律的警覺與決心。認識無為的其中一種方法就是理解老子有關如何治國的觀點。他指出治國就像烹飪小魚，翻炒太多反而會毀了這道菜。

老子寫道：

> 為學日益，為道日損。
> 損之又損，以至於無為，
> 無為而無不為。
> 取天下常以無事，
> 及其有事，不足以取天下。
> （選自《道德經》第四十八章）

學習就是吸取，而道家思想讓我們學會放棄。從嬰兒時期開始，我們就學習了很多東西，這也使我們更加獨立。我們煩惱于瑣事，比如財富和名望。現在我們要回到最初的狀態，像嬰兒一樣忘記這些煩擾，我們想什麼都順其自然，這就是無為。

選擇無為，我們就等於選擇放下一切，順勢而行，而非乘風破浪，勇往直前。無為並不是什麼都不做，也不是暫停事物發展的自然規律，而是遵守自然的法則，不爭，不強求，同時也不抗拒任何改變。我們像水一樣，像空空的幽谷無名、無形、無為。我們必須接受宇宙拋給我們的挑戰。與此同時，通過實現自己的目標，允許自己放下萬緣，從而成就我們所需做的一切事情。我們只是以無為的形式來履行和成就萬事。

　　無為是自然而然做出的行為。莊子把這種存在叫作逍遙或者是漫無目的地閒遊，不能只把它理解為懶惰或單純的消極。恰恰相反，這正是道法自然或順勢而為的做法。中文裡的「聽其自然」、「順其自然」和英文裡的「go with the flow」，都貼切地表達了道家思想的基本原則。

　　也許文景之治（西元前 179 年至西元前 143 年）是古代最繁榮昌盛的時期，其統治者向以實行仁政和提倡節儉聞名於世，文帝和景帝兩位皇帝採取了輕徭薄賦和與民休養的政策，從而維繫了社會的和平和政治的穩定。漢文帝的妻子也就是漢景帝的母親竇皇后是道家信徒，在她的帶動之下，文景之治的政治決策深受黃老思想的影響。遺憾的是，竇皇后于皇孫漢武帝執政期間逝世，以道家思想為主導的時期也就此終結。文景之治是個特殊時期，它被看作是中國歷史上的黃金時代。在那時，國庫裡的銅錢堆積成山，因多年不用，穿錢的繩子都朽斷了，許多銅錢都散落於庫外。國家的糧倉也豐滿起來，一直堆到倉外。中國歷史上幾乎沒有其他皇帝能實現如此的和平與繁榮。而文景二帝與無為卻強大的竇太后卻做到了。

　　其他皇帝的問題在於他們做得太多，秦始皇（西元前 221 年至西元前 206 年）就是個例子。他統一中國之後並未就此歇手，而是推出了很多耗資巨大的建設工程，包括修建長城，還為自己造出擁有八千

名陶制兵馬俑軍隊的地下墳墓。他還焚書坑儒，燒毀了當時幾乎所有的書籍，活埋了四百六十名學者。秦始皇對自己所做的一切並未感到滿足，但是對於民眾來說，這些工程和戰亂是巨大的負擔和壓力。秦朝的統治，堪稱中國歷代最強大的，卻在秦始皇駕崩後不久便走到了盡頭，僅僅維持了 15 年。他的問題在於做不到無為而治，權力和欲望集結於一身，熊熊烈火將他的王朝燒成灰燼。我並不是說他應該當個昏君或惰君，什麼都不做，而是說他應該知道適可而止。

幸也不幸，我們大多數人都沒有皇帝那樣的權力，但人人都可以在自己的領域內做一位無為而治的皇帝，讓我們像水和自然一樣自由地度過每一天，不再因世上一件件小事的煩擾而亂了方寸。我們應當早早地、慢慢地強大起來，不畏懼可怕的急流和漩渦。讓我們靜靜地坐在窗邊，看白雲飄過藍天，賞落葉親近大地，鮮花盛開，四季交替。這樣我們就可以說我們在自己的領域內是寧靜的。我們的領域很小，我們的力量有限，但用我們有限的力量去經營這片有限的領域，我們便可鑄造一個屬於自己的天堂。平和是安寧與幸福的首要表現形式，如果人人都能值守內心的平和，世界便能擁有永久的和平。

在這個世界上，生活在吞噬著每一個人，人們不得不有所作為，有時甚至是不合理的作為。有時我們被困在角落被迫做出一些選擇。我們常常以為如果不選擇，自己的小世界就會支離破碎。事實上，兩種選擇都可能對也可能錯。只有做出了選擇，看到後果時我們才知道哪一個選擇是對的。所以，讓我們放下擔憂，守住平和。

有時，老子把「為」放在「無為」之前，他說：

為無為，
事無事，
味無味。

大小多少，

抱怨以德。

圖難於其易，為大於其細。

（選自《道德經》第六十三章）

　　無為是件艱難的事情。保持現狀同爭取改變一樣困難。想保持現狀，也需要付出努力。這對任何事物來說都是真理，從人類到天上的星星都是如此。

　　如果恒星的密度非常大，由於不相容原理引起的排斥就會比引力的作用小。根據錢德拉塞卡（Chandrasekhar）的計算，一顆品質是太陽 1.5 倍的冷星將無法承受自身引力，從而難以支撐自己，這就是有名的錢德拉塞卡極限（Chandrasekhar limit）[1]。可見維持現狀是一件費力的事，就像恒星對抗自己的引力一樣，表面的無為實際上蘊含著堅持不懈的有為，老子稱之為「為無為」。所以「為無為」同樣是一種「為」，就像恒星保持自己的引力一樣，一個人想長壽或人類想要保護環境也都是一種「為」。很多人無法克制自己，他們賭博、吸毒、抽煙，從而毀掉了自己。想保持健康的生活就要做到「無為」和「無不為」。改掉一個壞習慣與養成一個好習慣所需的精力是相同的。

1　Stephen Hawking, *The Theory of Everything* (Beverly Hills: New Millennium Press, 2002), 50.

第六章
無不為

　　道家思想並不是一種消極的哲學，它也提倡冒險，只要你享受冒險本身，而非只關注目標能否實現。故曰：

> 道常無為而無不為。
> 侯王若能守之，萬物將自化。
> 化而欲作，吾將鎮之以無名之樸。
> 無名之樸，夫亦將無欲。
> 不欲以靜，天下將自正。
> （選自《道德經》第三十七章）

> 為學日益，為道日損。
> 損之又損，以至於無為，
> 無為而無不為。
> 取天下常以無事，
> 及其有事，不足以取天下。
> （選自《道德經》第四十八章）

　　還記得我們在「無為」一章中講到的《道德經》第四十八章嗎？無為其實就是這麼簡單。

　　這些章節中，老子反覆使用「無為」和「無不為」。「無不為」被理解為成就了所有的事情，是「無為」的結果。就像老子說的如果順

其自然，所有的事情都會做好。

然而老子在「無為」和「無不為」之間用了一個「而」字。在漢語中，「而」可以理解為「但是」或者「和」，卻不可理解為「因此」。所以「無為」和「無不為」不是因果關係。

老子 2,500 年前傳遞給我們的重要思想——「無為」和「無不為」，不僅改變了我們的理念，也改變了我們在生活中扮演的角色。我們不是消極存在，等待著所有的事情通過「無為」自然實現。相反，我們是生活的主體，要把「無為」和「無不為」都應用起來，既「無為」也「無不為」。

「無為」和「為」中潛藏著道：我們通過「無為」來實現「無不為」。因為人遵循道，道又基於自然，所以我們不應當做任何違背自然的事情。想理解「無不為」，就想想物理學的總能量理論吧。斯蒂文‧霍金認為：

宇宙的總能量是零。宇宙的物質是由正能量構成的；然而，所有物質都由引力互相吸引。引力場具有負能量，這個負的引力正好抵消了正能量，所以宇宙的總能量為零。零的兩倍仍為零。宇宙可以同時將其正的物質能和負的引力能加倍，而不破壞其能量的守恆。當宇宙膨脹體積加倍時，正物質能和負引力能都加倍，總能量保持為零。正如固斯所說的：「都說沒有免費午餐這件事，但是宇宙是最徹底的免費午餐。」這正是老子說的，「萬物負陰抱陽沖氣以為和」。

雖然正負抵消，無為和無不為的界限是模糊的，根據不確定性原理：人們永遠不能同時準確知道粒子的位置和速度；對其中一個知道得越精確，則對另一個就知道得越不準確。[1]絕對的「無」和絕對的

---

1 Stephen Hawking, *The Theory of Everything* (Beverly Hills: New Millennium Press, 2002), 82.

否定是不存在的。無中存有，有中生無。絕對的「無為」也是不存在的，在「為」與「不為」的域中，「無為」和「無不為」之間的界限是模糊的。我們游走于「無為」與「無不為」、有用與無用之間。

下面是莊子講述的一個故事：

莊子行於山中，見大木，枝葉盛茂，伐木者止其旁而不取也。問其故，曰：「無所可用。」莊子曰：「此木以不材得終其天年。」

夫子出於山，舍于故人之家。故人喜，命豎子殺雁而烹之。豎子請曰：「其一能鳴，其一不能鳴，請奚殺？」主人曰：「殺不能鳴者。」

明日，弟子問于莊子曰：「昨日山中之木，以不材得終其天年，今主人之雁，以不材死；先生將何處？」

莊子笑曰：「周將處乎材與不材之間。材與不材之間，似之而非也，故未免乎累。若夫乘道德而浮游則不然，無譽無訾，一龍一蛇，與時俱化，而無肯專為；一上一下，以和為量，浮游乎萬物之祖，物物而不物於物，則胡可得累邪！」

我們曾談到無為，保持柔弱，保持低調。從另一方面講，時機一到，就不要猶豫，勇攀高峰──但要明確這只是暫時的。這就是介於無為無不為之間。在你的生活中，你會經歷成功，會遭遇失敗：只要你順應潮流，這些都無關緊要。你的目的終究會實現，因為你是宇宙的一部分。

將軍凱旋回到羅馬，當他騎馬過街時，任兩旁的百姓歡呼雀躍。但他身後的戰車上總會有一個僕人在他耳邊用拉丁文低語：「回頭看看，你只不過是凡人一個，也有死的一天。」

　　根據不確定性原理，生活中有很多事情我們都無法掌控。因為我們無法控制宇宙，所以我們無為，也正因為如此，所以我們無不為，純粹把它當成一種樂趣。就如地球在轉動而我們卻毫無察覺，我們什麼都沒做，但一切都水到渠成。

　　如果把生活的空間比作廟宇，那麼這廟宇就是由兩根獨立的巨柱支撐，即無為和無不為，這兩根巨柱缺一不可。我們不能說：「今天我無為，明天我無不為。」我們生活在無為與無不為模糊的界限中。我們游走于無為與無不為之間，就像現今的電腦科學從 0 到 1 轉換運行一樣快。我們給自己設立這種虛擬的障礙，認為轉換是很困難的，這是違背不確定性原理的。

　　這二者間並非我們看到的那種因果關係。我們無為或無不為，結果是一樣的，最終宇宙的所有事物都將完結。誠如上面所述，負的引力正好抵消了正能量，所以宇宙的總能量為零。即使我們實現了目標，也無法真正擁有它們，而且它們也不會與我們的原計劃完全相符。我們的期望往往會背叛我們，當所有的事情都已經說完做完，所有的努力也只是隨著自然的腳步消逝於世。

第七章
宇宙和我們

整個宇宙中最壯麗的演出恰恰是宇宙本身。仰望璀璨的星空，這是一場多麼耀眼奪目的演出！

宇宙很浩大，我們很渺小，而正因為我們如此渺小，我們所面臨的種種困擾同樣微不足道。讓滿天繁星帶領我們去一個不是過去，不是現在，也不是未來，而是能超越生死的時空吧！宇宙華彩的篇章就是宇宙本身。

哈姆雷特說：「人類是一件多麼了不起的作品！他的理性多麼高貴，才能多麼無限，動作多麼敏捷，體形多麼令人讚歎，行為像天使，悟性像天神。」這就是哈姆雷特瘋狂的原因，他認為人類比世界還偉大！他考慮的問題遠遠超過了他的能力範圍。以自我為中心的人是會被世界懲罰的。

誰贊成地球上人類是最偉大的？小鳥？螞蟻？還是猴子？就算貓也不會贊成這個觀點吧。只有人類唯一的夥伴和最好的朋友——狗，經過約 15,000 年的馴養，同意人類是宇宙之至美、眾生之靈長這個說法。只有狗崇拜我們，並試圖瞭解我們，把我們當做莎士比亞的詩一樣膜拜，把我們當做倫勃朗的油畫一樣仰望。問題是，如果只有你最好的朋友說你是宇宙之至美，請最好不要相信它。所以我建議不能只看到人類，還要去發掘宇宙的壯麗。就像哈姆雷特所承認的，把蒼穹看作「這一頂壯麗的帳幕，這個金黃色的火球點綴著莊嚴的屋宇」。

許多人忽略了世界的美麗和其炫彩奪目的景象。哈姆雷特雖然認

識到了世界的美麗，但他的問題演變得太複雜以至無法從中解脫。以哈姆雷特為代表的文藝復興時期的人文主義，宣揚人是宇宙的中心（在中世紀宇宙被認為是神的居住地），人類面臨著「為還是不為」的問題，而在哈姆雷特的例子裡就是「是或不是」的問題。道家思想認為，與神奇偉大的時間和空間比起來，困擾我們的一切問題都顯得很渺小。當你意識到你的渺小，你就不再相信自己是神，從而沒有任何壓力，沒有任何名利的幻象，你就能自由自在地浮游於宇宙中。

我們無法宣稱自己是神，然而當我們知道自己是多麼無足輕重之後反會更加自由。

莊子的《秋水》解釋了人類的種種局限：

> 秋水時至，百川灌河。涇流之大，兩涘渚崖之間，不辯牛馬。於是焉，河伯欣然自喜，以天下之美為盡在己。順流而東行，至於北海。東面而視，不見水端。於是焉，河伯始旋其面目，望洋向若而歎曰：「野語有之曰：『聞道百，以為莫己若』者，我之謂也。且夫我嘗聞少仲尼之聞，而輕伯夷之義者，始吾弗信，今吾睹子之難窮也，吾非至於子之門，則殆矣，吾長見笑於大方之家。」
> 北海若曰：「井蛙不可以語於海者，拘於虛也；夏蟲不可以語於冰者，篤于時也；曲士不可以語於道者，束於教也。今爾出於崖涘，觀于大海，乃知爾醜，爾將可與語大理矣。」

像河神與井底之蛙一樣，我們的接受能力同浩瀚的宇宙比起來，顯得那麼渺小。我們只是小生物，來到世上只做短暫的停留，所以還是讓大自然來掌控一切吧。

大自然能夠癒合我們的傷口，給予我們自由和幫助，這是人類無法互相給予的。莊子還曾講過這樣一則故事：

「泉涸，魚相與處於陸，相呴以濕，相濡以沫，不如相忘於江湖。」

儘管在乾涸時可以互相以口沫滋潤對方，但還不如忘記彼此，各自在水中自在地游走來得高興。我們應該忘卻生活中的瑣事，讓它們消逝於浩瀚的宇宙裡。忘記那些區別，忘記那些憂慮，它們相較於道，實在是太渺小了。

下面這個故事是由戰國時期的秦國政治家呂不韋記載的：

荊人有遺弓者而不肯索，曰：「荊人遺之，荊人得之，又何索焉？」

孔子聞之曰：「去其『荊』而可矣」。

老聃聞之曰：「去其『人』而可矣」。

趙啟光聞之曰：「『遺』和『得』亦可去。」

楚人是愛國主義者，弓是否屬於他並不重要，只要這只弓還屬於楚人。孔子是人文主義者，弓屬於哪一個國家並不重要，只要它還屬於人類。老子是道家，弓屬於人類還是沒於塵土都不重要，只要它還屬於自然。呂不韋說在三人中，老子是最無私的。趙啟光說再怎麼樣，弓也不是我們的，根本無所謂得失。2006 年，天文學家宣佈冥王星不再是九大行星之一，但是對於冥王星來說，叫不叫作大行星都沒關係。弓還是它自己，是「失」還是「得」都只是附屬於其他事物的幻象。

「失」與「得」又有什麼關係呢？都是宇宙中的一部分。

字變少了，我們的視野卻開闊了。

第八章
反

反者，道之動；弱者，道之用。

天下萬物生於有，有生於無。

（選自《道德經》第四十章）

宇宙始於微末，最早的宇宙密度非常大，宇宙總品質（10 的 53 次方千克）都聚集在像針孔一樣大小的點上。現在宇宙仍在擴張。關於宇宙最終的命運有三種理論：第一種，它將永遠擴張下去，使其所有的物體和能量分散至極稀，所有生物都無法生存；第二種，擴張會繼續，但其速度會逐漸變穩定；第三種理論是我最喜歡的，因為它最接近道家思想，一旦宇宙停止了擴張，它反過來會開始收縮，又回到針孔般大小，到那時，引力將會變得很大，所有的事物將很難移動，最終達成無為。所有的生物、資訊、歷史都將會逝去，宇宙將會回歸其空，然後再一次發生宇宙大爆炸。這也不是不可能，不是嗎？

宇宙在不斷迴圈運動，在兩個極限中擴張和收縮。因為我們生活在宇宙中，無論做什麼都是宇宙反迴圈的一部分。所有的事物將逐漸轉化至其對立面。我們可以通過觀察宇宙，很好地理解這個道理。

有一次，學生問我：「時間的對立面是什麼？」

我回答：「空間。」

什麼是時間？我們認為時間就是生活中的每一年、每小時、每分鐘。表面上看，時間也是通過空間來衡量行為的度量衡。日出，日落，地球繞著太陽轉，時間和空間不能獨立於彼此而存在；它們是互

補的,就像道家的陰和陽。

許多人都同意宇宙在不斷擴張的說法。認為到了某個點,宇宙會開始收縮。所有的事物都將蛻變至其對立面。宇宙會變得越來越小,直到變成一個點。

就是說,將有一天,宇宙的所有事物都將停止,時間和空間會互相轉化,直到有一天,時間和空間都會消失。對立統一是宇宙的基本規律。每個事物都有其對立統一面,一切事物的存在都是由於其對立面的存在而存在。有陰才有陽,有上才有下,有白才有黑,有男才有女。而一切事物總有一天都會變成其對立面。擴張的必會收縮,當宇宙停止了擴張,它就會回歸到一個小黑點。舉個簡單的例子,最蔥郁的樹被強風刮倒,也會腐爛鬆軟,歸於塵土。

反者道之動。把書倒過來看,就像這兩幅圖一樣,當你倒著看時,圖就完全變了,世界也一樣,反過來看,風景大不相同。你可以試著倒立一下,那樣真會改變你的視角。

「反」不是說必須在兩個極端之間轉換,而是說需要考慮全新的方面。這就是英文所說的「think out of the box」──「跳出箱子去思考」。

在下面的故事裡,年輕人和老人有不同的選擇,但都囿于非黑即白的兩面:

> 魯有執長竿入城門者,初豎執之,不可入。橫執之,亦不可入;計無所出,俄有老父至,曰「吾非聖人,但見事多,何不以鋸中截而入?」遂依而截之。

本傑明・佛蘭克林認為:死亡和納稅是不可避免的必然之事。我們比他更簡單一些,我們只確認一種必然,那就是改變,全方位地

改變。不要擔心你的回答可能太簡單，簡單的答案往往比複雜的更有效。

　　老子因其對改變的辯證認識備受世人的尊敬，一切事物都會變至其對立面。因此出現了這個自相矛盾的說法：如果要實現目標，就從對立面下手；想變成陽，就必須保持其陰性；想要變強大，就必須保持柔弱。此所謂老子「將欲歙之，必固張之；將欲弱之，必固強之」。當觸及其極端，對自然的擾亂就會越來越少。最厲害的統治者不會採取主動統治。一切事物因其對立面而存在，並向其對立面發展。活著便總有死去的一天；如果你想變得強大，就要先甘於守弱；要想成為智者，先要自認愚鈍；所有智者、英雄和強者都應經歷愚鈍、膽怯和軟弱的歷練。

第九章

名

> 道可道，非常道；
>
> 名可名，非常名。
>
> 無名天地之始，
>
> 有名萬物之母。
>
> （選自《道德經》第一章）

「名可名，非常名」：老子試圖找出可名與不可名的區別。可名包括具體的事物，不可名包括永恆的、無界限的、最原始的宇宙。因此不可名指的是天地之始，萬物之母。道是不可名的，因為它是所有源頭的源頭，永遠不會終止，它具有包容性和無限性。「道可道，非常道」：道無法用語言去定義，它不只是一個字，也不能用語言局限它的含義，道只可意會不可言傳。道包含了整個宇宙，所以怎麼能用一個簡單的字便能將它解釋清楚呢？

上面引用的《道德經》第一章恰如一塊敲門磚。當我們開啟大門，開始去瞭解無名的深刻內涵時，我們便對宇宙有了更廣泛的認識和更深刻的體會。

當我們拒絕給「道」下定義時，我們便第一次踐行了「無為」。我們不會用一個名字或者一種類別去局限「道」。通過在生活方式和理念中維繫一種無名狀態，我們便能暢享「道」的自由。它包含了浩瀚的海洋，無垠的星空和深邃的人文精神。

無名，就無定義；無定義，就無含義；無含義，就無局限。別人

無法給我們下定義，只有我們自己可以。要做到這一點，我們需要一個起點。伴隨著現代世界為我們冠以種種名號之前特有的虛空，我們選擇從無名之地出發。

第十章
空

道沖而用之或不盈，

淵兮似萬物之宗。

挫其銳，解其紛，

和其光，同其塵。

湛兮似或存，

吾不知誰之子，象帝之先。

（選自《道德經》第四章）

三十輻共一轂，當其無，有車之用。

埏埴以為器，當其無，有器之用。

鑿戶牖以為室，當其無，有室之用。

故有之以為利，無之以為用。

（選自《道德經》第十一章）

　　房屋之所以稱之為房屋，是因為當中出現了空間，而非樑柱和木材。碗本身是無用的，有了碗中間的空間才有了碗的作用。像房子和碗一樣，如果心中無量，我們同樣一無是處。通過呼吸，我們能夠感受到體內的空，但是我們還要將自己清空，不再錯把整個世界的重量扛到自己的肩上。我們必須使自己脫離擔憂、欲望、貪婪，放下錯誤的目標。我們是人類，不是神，不需要擔心那些根本不在自己控制範

圍內的事情。我們必須成為中空的器皿，保持無名才能接受大自然的美麗。

第十一章
水

上善若水。

水善利萬物而不爭，

處眾人之所惡，

故幾於道。

（選自《道德經》第八章）

　　水堪稱無為的典範。水往低處流，它順應了地形的變化，選擇了阻力最小的道路。它千變萬化，使自己適應周圍的一切。儘管許多人難以認同這種甘居下游的品性，但這恰恰是水的美德所在。儘管一時匯入黯黑之所看似卑微到了極處，但這種謙遜和柔弱，正是水最強大的力量。學習並效仿水的品行，便可毫不費力地貫穿石洞，磨平參差不齊的岩石。希望你能如水般行遊世界。

　　在中國，飛龍在天，最初以水神的形象出現。據說，它是秋分時期入水而息，春分時期，又棄水升天。它騰雲駕霧，呼出的氣凝結成雨——不僅有春秋時節的綿綿細雨，也有驚濤拍岸的暴風雨。龍盤旋升天時形成了龍捲風，帶著漩渦和水龍卷，噴薄而上。這裡龍就是水的象徵，是生命的象徵。

　　與之相反，西方的龍通常被稱作火龍，它們共同具備的能力就是噴煙吐火，就連西方龍的眼睛也是火紅而憤怒的。正因為與火的這種關係，西方龍總是與死亡和地獄聯繫在一起。

　　恰如水流的自由與優雅，中國龍既踐行著道家的自在無為，又優

雅地成就著無不為。孔子曾把老子比喻為龍，認為老子是神秘和智慧
的象徵，追求深刻的思想和高貴的品質，將水的靈活和聖人的智慧完
美結合。

> 天下莫柔弱于水，
> 而攻堅強者莫之能勝，
> 其無以易之。
> 弱之勝強，
> 柔之勝剛，
> 天下莫不知，莫能行。
> 是以聖人雲，受國之垢，是謂社稷主；
> 受國不祥，是為天下王。正言若反。
> （選自《道德經》第七十八章）

眾所周知，宇宙中其他的星球都沒有流動的水，那些星球上若有
外星人，他們也必將認為被藍色的海洋與奔流的河水圍繞著是最幸福
的事情。

很少人能認識到，我們生活在有水的地方是多麼幸運，多麼幸福。
即便老子當時不知道宇宙中只有地球被水包圍，但他認識到了水象徵
著所有美好和幸福的事物。他認為「上善若水。水善利萬物而不爭，
處眾人之所惡」。如果我們像水一樣為人處世，我們便能擁有幸福。

我們就如同在寬廣的海洋上漂流的木筏，如同河流上漂浮的蘆
葦。我們不要求海洋停止潮汐，不要求河水放慢速度。就讓我們加入
它們的行列，一起慶祝存在的快樂與自由，讓水載著我們踏上新的旅
程吧。

第十二章

冷靜

　　你的血壓多少？有些患者飽受醫生所說的「白衣高血壓症」的困擾，即醫院的環境讓一些人感覺緊張從而出現暫時性血壓升高的現象。為了使患者冷靜下來，醫生也許會讓他在那裡靜靜地坐幾分鐘什麼都不做，或者會讓他在一間昏暗的房間裡待一會兒。再次測量的時候，血壓自然就會降下來。這麼說，哪一種測量方法測出了真正的血壓呢？醫生和患者真的可以忽略第一次量出的血壓嗎？你平時的狀態也像第一次走進診所那麼緊張嗎？或者就像醫生為了使你冷靜下來要求你做的那樣，你真的可以保持每天都「什麼也不做」嗎？儘管考慮到「白衣高血壓症」的原因，但第一次量的血壓可能最接近你真實的血壓。因為在日常生活中，大多數人總是平靜不下來。

　　遺憾的是，我們不可能整天什麼都不做，即便是一時半刻也難以實現。我們一直忙碌著，導致血壓升高。除了一些特殊的時刻，比如量血壓的時候，能平靜一會兒以外，其他時間總是為生活而馬不停蹄，憂心忡忡。如果你能認識到這種冷靜和無為在體檢時見效，為什麼不能每時每刻都保持平靜，不是為了控制那上升的水銀柱，而是為了我們自己的健康呢？在日常生活中，只要我們在內心深處創造一處寧靜就可以擺脫因壓力引起的高血壓症。我們可以將每天視為活動中的禪修。為什麼只有在晚上睡覺的時候才會躺下來什麼都不做呢？白天我們也可以打盹小憩。為什麼只有聽音樂的時候才能靜下來？我們可以用靈魂去感受天籟之聲。為什麼只有聽佈道的時候，才能認識到自己的卑微？我們可以放棄想控制一切的欲望，讓神聖的宇宙自行其

道。為什麼無事可做的時候，我們不能花時間行「無為」之道呢？拉賓德拉納特‧泰戈爾（Rabindranath Tagore）曾說過：「當我無事可做時，請讓我什麼事都不做，不受騷擾地沉入那寧謐的深處，一如那海水沉靜時海邊的黃昏。」[1]

如果上完了一天的班，能駐足去欣賞靜謐的星際處那落日的餘暉；如果在暴風雨過後，能走出去沐浴那鮮花的芬芳；如果忙完一個秋天之後，能仰望天空去傾聽那南飛的鳴雁，你可能就不會受到高血壓的困擾了。其實休息可以很短暫，也許只是一天當中的 10 分鐘，一個小時當中的 1 分鐘，或 10 分鐘裡的 1 秒鐘，但這短短的休養卻足以令你感受到一個完全不同的世界，因為休息過後你會煥然一新。

年復一年，你的身體便如同一部自動記錄儀，向人們敘說著你生命中面對的瑣事和壓力。這種壓力可能源於不同方面，例如：金錢、工作、或家庭。當然，鹽量攝入過高，肥胖和缺少鍛煉也會引起高血壓，所以說生理和心理壓力都有可能成為高血壓的助推器。

上古時代，原人遇到天寒或襲擊時，身體會本能地向心臟輸送更多的的氧氣，於是血壓自然升高。在多年的狩獵生活裡，我們的祖先一直過著安然靜謐的日子。白天，他們採摘野果，飲天然之水，捕獵野兔。晚上，他們在星空下安眠。然而，如果別的部落或者劍齒虎入侵他們的領域時，他們就會面臨生與死的抉擇。遇到危險時，原始人有兩種本能：戰鬥或逃跑。無論在哪種情況下，他們都沒有時間或者不需要考慮做還是不做。動機和行為之間不存在任何障礙，因為他們是大自然的一部分。

---

1 Rabindranath Tagore, *Stray Birds*, (Old Chelsea Station, New York: Cosimo Classics, 2004) poem #208.

現代人也有這兩種本能，但卻不能依順這種本能而行。當老闆因你的報告錯誤而對你大喊大叫時，你既不能把老闆痛扁一頓（儘管你很想這麼做），也不能跳出窗外（雖然你也很想這麼做）。

現代人面對壓力時跟穴居人的反應一樣，胰島素分泌，血壓升高，血糖升高，想做點什麼但最終又必須壓制。你既不能還擊也無法逃跑；既不能教訓你的老闆也不能跳窗而出，通常只能沮喪、生氣，甚至抑鬱。

實際上，大多數的問題通過還擊或者逃跑也無法得到解決。在現代生活中，我們也不再需要像古人那樣為了提高身體的警覺性而讓血壓升高。如果你一直覺得「筋疲力盡」，說明你的身體可能一直處於一種不正常的高度警備狀態，導致人為的高血壓症狀。現代生活需要第三種方式，既不同於第一種（戰鬥），也不同於第二種（逃跑）。這第三種方式就是無為。不要為了別人的錯誤而懲罰自己，我們應無為──就是說，我們或全然忽視眼前的處境，因為我們無法控制它，或乾脆順其自然地去應對它。

放下種種憂慮，走出狹窄的辦公室，看鮮花綻放，聽鳥兒歌唱，賞群星閃耀。你盡可以順其自然地面對一切，因為你不過是這世上的匆匆過客。就像你無法解決星球爆炸或黑洞消失等問題一樣，你也無需介意令你處處受限的環境，這種環境不過是對你一時的束縛。反之，你可以與星同飛，與雲共舞，與魚齊遊。如果無法打敗宇宙，你就享受它的奇妙吧，這就是無為而無不為。

量血壓時醫生會告訴你要冷靜、放鬆，什麼都別想，什麼都別做。如果按醫生的指示去做，再量的時候就會發現血壓真的有所下降。在這短短的時間裡，你把自己從現實生活裡，從金錢、健康、工作和家庭的憂慮中抽離出來了。因為你想知道自己「真正的健康狀況」，所以你建造了自己的精神樂園。事實上，你看到的並不是真實

情況，而是有可能達到的理想情況。你真實的健康狀況是在日常生活
壓力下，第一次量的血壓。而冷靜下來以後測量的結果則是你可以達
到的健康狀態：你可以休息一會兒或無為片刻，便能在喧囂的生活中
創造自己的精神樂園。遺憾的是，我們很多人都沒有認識到自己可以
無為。我們視自己的生活為一條連續不斷的鏈子。我們認為鏈子的每
一節與生活的終極目標緊密聯繫，比如美國人夢想擁有帶三個車庫的
房子。日常生活中的每一個小失誤——被遺忘的數字、錯過的機會、
高額的帳單、老闆的藐視、同事的惡作劇或者不理想的學習成績——
都可能影響到「三個車庫」的生活藍圖。因此，或大或小，或真或假
的消極事件都能讓我們感覺很緊張並使我們的血壓上升。

　　我最喜歡的美國習語之一就是「Give me a break」，意思是說，要
求遠離反復襲來的壓力。「讓我喘口氣」是一種想暫停、想獲得片刻
的放鬆、非常渴望休息的急切請求。遺憾的是，當我們頻繁要求他人
的時候，自己卻不肯讓自己喘口氣。我們無法衝破自己設計的枷鎖，
因為它連接著生活中的所有事物；我們無法暫停，哪怕是一分鐘都不
行，因為我們把每一分鐘都跟生計聯繫在一起，跟生活目標或者自我
認同聯繫在一起；我們沒有勇氣衝破這個枷鎖，沒有足夠的自信給自
己一點空閒，什麼都不想，緩解過度的緊張；我們不能放慢生命的步
伐去聞路邊的花香，無法仰望藍天，也無暇與路邊的小狗玩樂。因為
我們認為這些停頓會使自己落後一大截，被對手超越。我們時常聽到
一個冷酷又嚴厲的聲音在重複：「當你超越其他選手時，那些眼睛都
將視你為目標。你不能有絲毫的放鬆。」

　　我們相信這個聲音，好像只要有夢想就不得不馬不停蹄地往前
趕。具有諷刺意味的是，美國人還有個夢想，就是在 50 歲時退休。
為了到時候能好好休息，或者到 50 歲以後可以無所事事地享受精神
樂園，許多人從不給自己放鬆的機會，直到達成目標為止。結果就是

在 30 至 50 歲之間，很多人的心臟收縮壓以每年 3 mmHg 的速度在增長，心臟舒張壓以每年 1 mmHg 的速度在增長。如果幸運的話，他們或許能活到 50 歲退休，但那時候，他們的血壓可能已經達到 180/100mmHg。

我們懂得如何在量血壓時保持平靜：在醫生的指導下集中精神，放鬆身心，放慢心率，深呼吸，讓血壓平穩。但平時，我們總因感覺做作而羞於練習，我們只會為了應付血壓器而冷靜片刻，為什麼不為了自己，每天讓自己平靜幾次呢？為什麼不每小時做一分鐘的冥想，或深呼吸，或者只是靜靜地坐著呢？這麼做，不是為了應付血壓計，也不是為了應付醫生，而是為了我們自己。欣賞怡人的美景，傾聽天籟之音，低聲吟唱一首小調，抑或只是讓自己喘息一下，讓所有的想法、感受、聲音和畫面都在腦海中任意流逝。即便如此，地球也不會停止轉動。

許多人都喜歡通過吃東西、喝酒和抽煙等方式來緩解壓力──而這都會導致血壓的升高。與之相反，你更應當通過鍛煉去緩解壓力。鍛煉猶如生命長河中短暫的停歇，它能使身體得到全面的放鬆。在現實社會中，我們通常既不能戰鬥也不能逃跑，所以我們只好以鍛煉來代替。即使鍛煉有益，我們也要記得無為。在鍛煉中適當停頓事關鍛煉者的生死。過度的生理壓力，不利於身體的良性迴圈，只會增加生病的幾率，甚至可能導致死亡。儘管鍛煉是治癒壓力的靈丹妙藥，但服藥過量也可能對人體造成危害或死亡。每個人的身體都是一座廟宇，不應讓香煙或垃圾食品污染它，也不應讓它超負荷運轉，否則它就會過早坍塌。

在過去的十年裡，我經歷了太多失去摯友的痛苦。他們生前都很積極向上，卻不幸突然英年早逝。他們的生命本不該如此短暫。讓我感觸最深的是他們有一個共同點：都很喜歡有挑戰性的或者競爭性很

強的運動，如馬拉松、爬山、橄欖球等。他們甚至過於熱愛運動，在去世的前一天或前一秒都在堅持。如果他們知道怎麼樣有節制地鍛煉，肯定能活得更長久一些。生命在於運動，是對的。就像孔子說的，過猶不及。同樣，老子也說過：

> 希言自然。
> 故飄風不終朝，驟雨不終日。
> 孰為此者？
> 天地。
> 天地尚不能久，而況於人乎？
> （選自《道德經》第二十三章）

我呼籲朋友們：在疲乏之際，停下來，歇一會兒，閑一下，什麼都不做。鋼鐵也有折服的時候，何況我們是血肉之軀。

第十三章
寧靜和健康

順其自然，最好的辦法就是保持健康。人的身體每天都會自動代謝一定比例的細胞。如果你保持樂觀，身體就會釋放一些特殊物質，通過血液流遍全身，促進細胞的生長和再生。寧靜而快樂的心態看似無為，但它發送出的信號卻能讓身體無不為。運動就像在和身體一起思考，而不是被動地從大腦接收信號，特別是像游泳、太極和瑜伽等無競爭性的運動，會向大腦發送健康的信號。我們為運動而生，而情感強化了我們的身體系統。運動激發了身體的信號系統，讓大腦保持冷靜，不要煩躁。然後，大腦向細胞發出「前進」的信號，推進細胞新陳代謝。因此，健康的身體基於健康的心理，健康的心理又源于健康的身體。他們一起創造了無為和無不為之間一種健康的平衡。所以某種程度上，你的心理決定了你的細胞健康與否。

在我看來，樂觀的資訊會告訴細胞：「活著是有價值的，身體需要健康的細胞。」而消極的資訊會告訴細胞：「沒有必要再產生新細胞，而且現有的細胞也會衰退老化。」壓力源於克制某種衝動。在過去，當生命安全受到威脅時，從心理上，人們不允許自己什麼都不做，所以做出一定的反抗；在現代社會裡，就是你的錢財或社會地位受到威脅時，也盡量克制著想反抗的衝動，從而出現了壓力。長期的壓力、擔心或悔恨會不斷產生一些化學物質，導致你的細胞為了應付短暫的衝動而忽略了長期的健康，讓你覺得細胞隨著時間推移不斷老化。抑鬱會危害生命，自殺只是一方面，另一方面還會因為擔憂而毀壞細胞。我認為，大多數自殺者還沒有從生理上結束生命之前，就已

經從心理上終結了自己。不健康的心理能緩慢地從潛意識上終結生命。不過，我們可以拯救這種慢性死亡。

為了健康，你必須遵循自然法則，找到更好的生活方式並從假想的種種責任中把自己解放出來。對自己好一點，如果你不知道該做什麼，就什麼都不做，這並不是犯罪。就像一幅典型的中國畫漁夫圖，漁夫或滿載而歸或空手而歸，但他的心是平靜而健康的，因為他完成了一天的工作。他現在無事可做，就任漣漪輕推小船，清風拂過臉頰，見夕陽西下。

大自然是偉大的治癒者，帶著好奇觀察大自然，你會發現大自然才是無限的，靜靜地做深呼吸，讓自己沉浸於這美好的無限中吧；用謙卑欣賞的眼神凝視它，從非自然狀態中釋放自己吧。告訴自然「我相信你」，它也會回報給你驚喜。讓自然擁抱你，它會驅走你不健康的心理，使你擁有平靜的內心和充滿活力的身體。

第十四章
飲食

為學日益，為道日損。

損之又損，以至於無為，無為而無不為。

取天下常以無事，及其有事，不足以取天下。

（選自《道德經》第四十八章）

道家視食物為實現健康和長壽的關鍵所在。他們傾向於減少和簡化食物（無為），並去探索尋找最有利於健康的食物和草藥（無不為）。

道家無不為，他們尋求各種天然草藥來保全生命。我們可以在唐朝詩人賈島寫的一首美麗小詩《尋隱者不遇》中找到隱士采草藥的例子：

松下問童子，

言師采藥去。

只在此山中，

雲深不知處。

人參、生薑和花草等隱藏在雲深霧迷的山中，它們能使人們的身體健康，讓人們延年益壽。健康的食物吃起來可能口感並不好，如又苦又幹的生薑可能不像鬆軟而又美味多汁的巨無霸那麼好吃。然而，馬克·吐溫說得很對：「只有吃你不想吃的，喝你不喜歡喝的，做你

不願意做的，才能保持健康。」老子告訴我們「味無味。大小多少。」（道德經第六十三章）取其小、少、無味，都會讓你的生活更健康，更有味道。

除了采草藥，古代的道家還結合理、氣、術的原理，以金石礦物為原料，採用煉丹術來煉製神丹妙藥。煉丹術就是無不為的極端例子，它最早出現於中國，是用來秘制長生不老藥的一種技術；中世紀時傳到歐洲，演變為神秘的冶金術；後來工業革命期間又轉化為化學。這種無不為的行為是現代化學和製藥科學的前身。道家做了一切能想到的事情來尋找長生不老之藥。

眾所周知，中國的皇帝享盡錦衣玉食，坐擁大好江山，擁有無以復加的權力，但他們都不得不面對同一類恐懼，那就是死亡。在西元前 221 年，秦始皇兼併六國，統一了天下。等一切塵埃落定後，他只剩下最後一個無法征服的敵人——死亡。當徐福說服秦始皇，使他相信在東方有能讓人長生不老的仙藥後，秦始皇便兩次派他到東海尋找神奇之藥。徐福的兩次旅程發生在西元前 219 年至西元前 210 年間，據說他的艦隊包括 60 只船和 5,000 余名船員，還有 3,000 名童男童女。西元前 210 年，他二次出海，一去不歸。歷史記載表明，他可能已經登陸日本，但隨後死在了日本。儘管他提出了有長生不老藥的觀點並說服了別人，但自己卻無法做到長生不老。日本以他的名義建了一座寺廟。

秦始皇或許過於貪婪，徐福或許太過狡猾，但對長生不老的追求在中國卻一直沒有消失過。中國的道家可能是最固執的一群人。他們認為人類通過無為和無不為能夠對抗死亡和疾病。為了實現健康長壽，這種持之以恆的精神應該發揚。古代先賢早已發現了一項天機：人如其食。如果你吃健康的食物和藥物，你就可以保持健康。

道家學說裡，食品和藥物是可互換的。人應食用有營養的食物，

比如魚、水果和蔬菜，並輔以草藥、太極拳、冥想等。傳統上，道教和佛教的隱士或不吃午餐或吃得很少，他們中的一些人吃野果、飲泉水，甚至只喝露水以達神仙的境界。道家的夙願就是希望有一天能夠脫離食物，避免沾染「紅塵」。

莊子想像到「藐姑射之山，有神人居焉，肌膚若冰雪，綽約如處子，不食五穀，吸風飲露；乘雲氣，禦飛龍，而游乎四海之外。其神凝，使物不疵癘而年穀熟」。我們明白人當然不能只憑空氣和甘露生存。即使在食物不如今天豐富的古代，這種古老思想便已對飲食過量的危險有了早期的認識。

老子充分意識到了大吃大喝的危險，說道：「五色令人目盲，五音令人耳聾，五味令人口爽，馳騁畋獵令人心發狂，難得之貨令人行妨。」（《道德經》，第十二章）因此，道家除了提倡食用健康的食物和藥物來延長生命的無不為思想，亦提倡在飲食上節制的無為思想。

老子說：「為道日損。」一般來說，現代的人癡迷於積累，只有他們想要減肥時才運用放棄的哲學。失去任何東西對於現代人來說都無法接受，他們唯一不害怕失去的就是體重。遺憾的是，如果要減肥，就無法形成健康的飲食習慣。

每當感到無聊或者沮喪，人們便會吃很多東西消磨時間，但他們這樣做恰恰危害了自己的健康。我們的身體就像一座神聖的廟宇，而食物應該是神聖的祭品。然而像神聖的廟宇一般的肉體卻經常被垃圾污染。人們不停將越來越多的東西塞進聖潔的廟宇。現代的美國人總夢想擁有一套帶有兩三個車庫的房子。然而，如果你在典型的美國小鎮的街上走走，瞥一眼開著門的車庫，你會看見，車庫的三分之二都裝滿了棄物、舊傢俱和垃圾。這就像現代人的身體：商品氾濫填滿了道家所講的虛空。

結果，三分之二的美國人超重或肥胖。我有個朋友近視又健忘，

每次他要飛去美國，都會把眼鏡忘在家裡，到了機場發現看不了航班
資訊。幸運的是，他總能在機場找准自己應排的隊，因為他只需跟在
那些又高又胖的女士或先生後面即可，這樣他總能上對航班。

　　世界衛生組織稱，美國人是世界上最肥胖的人群。這可能是因為
大多數美國人沒聽說過道家哲學的約束和老子說的那句話「為道日
損」（在追求道的過程中，每天都需要放棄一些東西）。與此同時，許
多中國人也忘記了自己祖先的教誨。中國經濟發展迅猛，有趕超美國
之勢。遺憾的是，中國人的飲食風格也隨之改變。至 2008 年，25%
以上的中國人都已超重。不妨想想，一個是身材修長的老翁蕩漾著小
船，一個是肥胖的中年商人開著巨大的中國製造的別克車，如果前面
的中國傳統形象被後者代替，這將是一場噩夢。現代中國人和美國人
都該聽從 2,500 年前的老子的教導，「餘食贅行，物或惡之」，要控制
自己過量飲食的欲望。

　　另一方面，世界衛生組織的資料顯示，世界三分之一的人口都處
於營養不良狀態，還有三分之一處於饑餓狀態。在這種悲慘又富有諷
刺意味的境況下，老子的智慧真是一矢中的：

> 天之道，其猶張弓歟？
> 高者抑之，下者舉之；
> 有餘者損之，不足者補之。
> 天之道，損有餘而補不足。
> 人之道則不然，損不足以奉有餘。
> （選自《道德經》第七十七章）

　　面對失衡的地球，願天之道征服人之道，願健康公平的精神滲透
這裡的每個角落。

　　在人類歷史的狩獵、採集和農耕時代，人們辛苦勞作，上頓不接下頓，所以他們不得不積累食物。如今，世界貧困國家仍有三分之一的人口缺乏食物保障；另一方面，還有三分之一的人，受消費主義文化影響極其嚴重。儘管人們的生活水準已經提高，但仍保留著落後的生活習慣——為了儲備食物，為了儲備未來，甘願一刻不停地做苦工。對他們來說，老子的哲學是有用的：「持而盈之，不如其已。」（《道德經》，第九章）即使水不倒滿，也不至渴死。相反，如果太滿了，水可能都會溢出來。富人不應該持而盈之，應該資助窮人，一起實現健康長壽。食物可能造生死奇跡，我們應該在饑餓和暴飲暴食之間找到平衡，找到無為和無不為之間的平衡。

第十五章
睡眠

　　與飲食緊密相關的就是睡眠。睡覺的時候，潛意識會對我們的日常活動進行檢查，包括飲食習慣在內，因為睡覺的時候我們會更加孤獨、敏感和脆弱。在我的家鄉，民間有句老話：少吃一口，舒服一宿。如果說在食物短缺的年代，農民們都能夠明白這個道理，那麼在三分之一人口暴飲暴食的當今社會，這句老話則顯得更加適用。吃既有利於睡眠也有害於睡眠。要檢查正確的進食量，最佳時機通常是半夜或者黎明半睡半醒之時，因為這個時間正是人對過去一天的活動最敏感的時刻，如果吃得太多，這時你便會有所感覺。遺憾的是，此時此刻的感覺往往會被壓抑在人的潛意識當中，等到第二天，我們可能還會重複那種過度的生活方式。因此，睡覺時謹記無為的教誨，可有效引導白天的生活習慣。

　　當我們談論生活的時候，往往專注于我們清醒時知道的生活，但是睡眠卻佔據了我們三分之一的時間。莎士比亞曾經說過，睡眠是生活盛宴中的首要滋養品。在他的眼裡，睡眠是為我們清醒生活做準備。事實上，睡眠本身就是生活的一部分。

　　在睡眠中，人們陷入無邊無際的黑暗中，而白天不夠深沉，無法滿足深睡眠的需求。睡眠品質像清醒時的生活品質一樣重要，睡眠健康也像清醒時的健康一樣重要。儘管人們晚上無法記起睡眠中經歷了什麼，但它的確跟白天清醒時經歷的一樣多。睡眠是絕對的無為，讓身體恢復，為明天的無不為做準備。

　　進入無為的境界需要付出大量的努力。全世界有一半的人口或偶

爾失眠或長期失眠。多數情況下，失眠僅僅是因無為引發的焦慮。他們擔憂是因為覺得自己清醒地躺在床上浪費了時間。其實，即使在清醒時，大多數人也什麼都改變不了，只能繼續擔心他們白天的生活。有些人認為，睡眠是場災難，會差點要了他們的命。他們躺在床上輾轉反側，怎麼也無法擺脫焦慮。有人問馬克·吐溫怎樣才能治療失眠，他是這樣回答的：「睡在床邊你就會掉下去。」英語裡掉下去和睡著都是 fall，所以這句話也可以理解為睡在床邊你就能睡著。在這個雙關語裡，有著我們需要思考的智慧：如果要進入睡眠狀態，我們就要有放手的勇氣，即便有可能從床邊掉下去。我們應該像馬克·吐溫小說裡的哈克芬（Huck Finn）一樣，沿著密西西比河漂流而下，並堅定地對生活說：「我信任你，儘管過來吧。」

大多數國家都有這樣的說法：像嬰兒一樣熟睡是最好的睡眠。另外，進入睡眠的時候，我們允許自己去做任何事情，例如飛翔、追逐，或者被怪物追趕，說我們平時不敢說的，經歷我們平時不敢經歷的——那就是夢。深度睡眠、深度無為，讓我們去做夢，淨化我們緊張的神經系統，清除那些不健康的壓力和焦慮。睡覺是無為的最佳體現。一位佚名作者曾稱意識為「擾亂睡眠的討厭時刻」。

我們理解不了自己為何存在，但是我們承認自己理解的局限性。只有瞭解到自己的局限，你才有可能去超越。莊子經常寫到要舍其大，而取其小，就像棄多樣性而求單一性。在睡眠中，人的心靈進入超越生死的孤寂之處，尋找介於生與死之間的王國是道家的夙願，良好的睡眠，積極的冥想，是最接近這一境界的。在這方淨土裡，人們可以自由地無為和無不為，實現戰勝死亡的自我解放。歡樂和悲傷是相對的，就像白天和黑夜、生與死一樣。生與死之間有種狀態叫忘形，每晚我們入睡的時候都會經歷忘形。當我們沒有目的地閒逛，欣喜地飛躍傳統的眼光和實際的評判時，宇宙仍在擴大，地球仍在運

轉，有人為善，有人作惡；而我們則找到了放下一切、進入睡眠的勇氣，所有問題都可以在醒來之後再解決。

莊子曾經夢見自己是一隻蝴蝶。無論外形還是心境，他都完全把自己當作一隻蝴蝶。這只蝴蝶不知道莊子是誰。突然，他醒了，真切地覺得自己是莊子。他不知道是莊子夢見自己是蝴蝶，還是蝴蝶夢見自己是莊子。

然而，並非人人都覺得睡眠是件簡單的事。每天晚上，世界上大約有十億人在睡眠中停止呼吸，有的人持續幾秒鐘，而有的人則持續兩分鐘左右。打鼾是呼吸道反復受阻的結果，打鼾的人患有睡眠呼吸暫停綜合症，然而，90% 的人並不知道自己患病，尋求治療的人就更少了。針對這種疾病有許多種治療方法，如用呼吸機（CPAP）、牙科手術治療等等。人們應該無不為地去尋找治療方法，以便能夠無為地睡覺。睡眠呼吸暫停綜合症會導致疲勞、心血管系統損傷，甚至家庭不和諧。對於那些患有睡眠呼吸暫停綜合症的人來說，睡覺是一場噩夢。第二天他們對此一無所知，但是白天的疲勞、煩躁和動作遲鈍卻說明瞭一切。愛德格・愛倫・坡曾說：「睡眠就是短暫的死亡！我厭惡它到了極點！」愛德格的話說明他可能已經患了睡眠呼吸暫停綜合症。對於此症的患者，每天晚上入睡就像要窒息死亡一樣，幸好他們當中的大多數第二天早上都會忘得一乾二淨。

半夢半醒和半生半死一樣，所以人們經常在入睡的時候感到孤獨。大多數的語言說到和某人睡覺都指和某人發生了性關係，然而，和某人睡覺需要更多的是愛而不僅僅是性關係。因為在睡眠中，你進入了未知世界，在未知的世界旅行需要最佳的伴侶。京劇「白蛇傳」中，船夫向墜入愛河的夫婦唱道：「十年修得同船渡，百年修得共枕眠。」這要修行一百年才有的共枕眠，真的是並肩睡覺，性關係倒是其次。

第十六章
呼吸

我們來到這個世上做的第一件事是什麼？是呼吸。

離開人世時我們會做的最後一件事是什麼？也是呼吸。

老子經常說要忘記一切，為此我們有必要重溫一下如何進行呼吸。

生活中最美好的事情往往都是免費的，而到目前為止，空氣一直都是免費的。呼吸不僅不需要我們花費分毫，而且還是最有效的治療方法。呼吸代表了體內能量的流動。生命始於呼吸，也止於呼吸。遺憾的是，大多數人沒有正確地呼吸：呼吸得太淺、太被動、太無規律、太無意識。

正確的呼吸是自我治癒和控制憂慮的關鍵。它能通過神奇的心靈治癒讓我們的身體保持健康。人無法完全控制自己的心臟、胃或者是腸的運行；但我們可以有意識或無意識、刻意或自動地控制肺部運動。肺臟是雙向運行的，它連接著意識與無意識。世界上最美麗的地方，就是兩種現象相遇之處。就像海灘上，海水拍打著沙灘；河堤上，流水滋潤著大地。因為呼吸時，意識與無意識會碰撞，所以呼吸可能是人體最美妙的功能。你可以形成一種呼吸的方法，讓自發的神經系統影響無意識的神經系統。呼吸時，無為和無不為碰撞出火花，照亮了我們總是黯然而憂慮的心。你可以無不為，去改變呼吸的節奏和深淺。你也可以無為，讓自己自然地呼吸。

在中國，呼吸或氣代表著能量、精神和生命。儒家學者孟子曾說：「吾善養吾浩然之氣。」道家學者莊子則提倡深呼吸，認為神仙可以從腳跟呼吸。他們都相信氣承載著人的靈魂。

呼吸是控制大腦最重要的工具。心理壓力會使人全身的肌肉收縮，包括脖子、肩膀還有胸腔，這種收縮還會限制你吸氣時肺部的擴張，所以較快和較淺的呼吸就只能提供肺臟上部需要的氧氣，這樣就會導致缺氧，就像你站在山頂上一樣。缺氧會產生壓力、煩躁和憂慮。反之亦然：當你感覺有壓力、煩躁、或者憂慮時，你的呼吸會急促。你呼吸越急促，就會感覺越沮喪；呼吸越緩慢，心情越平靜；呼吸得越深，會越冷靜。較淺較快的呼吸不論是對生理還是對心理健康都是一種隱形的殺手。

很多人都知道如何在給定的時間內讓自己放鬆：長長地、深深地呼氣並吸氣，反復練習幾次。然而，很少有人知道另一種更有效的療法：用腹部呼吸。用腹部吸氣時，橫膈膜下降，但肋骨並沒有上升而是停留在原地。吸氣時，擴張的是腹部而非胸腔。當然，肺部也還會擴張，但主要擴張的部位是肺部下面的腹部。

當人類還是動物時，用四條腿走路。四百萬年前，人類的祖先站了起來，開始用兩條腿走路，變得跟其他動物不一樣了，人人都直立高大。在其他動物眼裡，人類看起來肯定很滑稽，就好像一根一根移動的杆子。現在，我們反過來了，用腹部呼吸，一切事物都變低了。我們回到了最初的狀態，呼吸的部位更低，與大地更加接近，就像當初人類祖先用四條腿走路（爬行）一樣。這種降低呼吸部位的腹式呼吸，扭轉了人類總想攀高的傾向。人類是進化了，但直立高大的身體也帶來了副作用，如高血壓，頸椎病，背部疾病等。學習腹式呼吸法，首先要把手放在腹部，緩慢地深吸一口氣，想像一下腹部是一處空空的湖泊，現在一股清泉正通過呼吸道注入腹部。吸氣時手跟著腹部上升，呼氣時手隨之下沉。

正常情況下，人們感覺放鬆時，就是用腹式呼吸的；而覺得有壓力時，就會採用吃力的胸式呼吸。對於很多人來說，放鬆不是心理正

常的狀態，因而胸式呼吸竟然變成了「正常」的呼吸方法。通過練習，你可以訓練自己在不刻意的情況下也能用腹部呼吸。這樣呼吸，也可以對脊柱進行內部按摩，而沒有任何一種外部按摩能達到這樣的效果。如果有壓力的時候也能用腹部呼吸，說明你已經在無不為的同時實現了無為，也就可以戰勝壓力了。

　　長期的壓力會導致多種病痛。壓力會破壞你的免疫系統，使你血壓升高、精神緊繃。學會集中精力做到更有效的呼吸，我們可以緩解壓力，消除壓力對身體帶來的傷害。為了緩解壓力，有些人沉溺於抽煙、賭博或者吸毒。他們希望這樣做能集中精力忘卻煩惱，事實上，他們是在傷害自己的身體，耗費自己的金錢，結果懊悔不已。正確地呼吸則既健康又經濟，絕不會令你感到任何悔恨。

　　呼吸的時候，虛空比充實更重要。而思考和行動時卻相反，他們在所有事情上都追求充實，包括呼吸這樣簡單的日常行為。觀察一下人們的呼吸，你會發現，很多人都努力吸氣而不是呼氣。根據常識，人們似乎認為呼氣是消極的，而吸氣是積極的。如果按這樣的「常識」呼吸，肺部就沒有足夠的空氣來流動迴圈。治療方案：重空輕實。呼出更多的空氣騰空肺部，要注重呼氣運動，而讓吸氣順其自然。許多游泳教練就告訴學員吸氣前先徹底呼氣。試著盡可能慢慢地、平穩地呼氣，把這種呼氣的方法與腹式呼吸結合起來。呼氣時，把手放在腹部，會很明顯地感覺到手在下沉，吸氣時手又升起，就像潮漲潮落。有人可能會問你：「你在做什麼？」你會回答：「沒做什麼。」人們什麼都不做時也在呼吸，不是嗎？呼氣和吸氣才是真正的無為。

　　呼氣和吸氣之間有個過渡，打哈欠就會延長這個過渡：張大嘴、深呼吸、伸展肢體、收縮舌頭，這是生命中一次短暫的停歇，日常生活中的一次放鬆，是我們的身體渴望無為的表現。腹式呼吸，像打哈

欠,是無為,讓身體有一次休息的機會,不過,腹式呼吸確實讓胸腔
做到了無為。

在這個過渡期間,吸氣與呼氣之間,可以稍作暫停。你可以控
制並延長這個過渡期,讓呼吸系統休息一次。事實上,你仍在「無
不為」:你找到了宇宙的氣息,恢復了生命的輪回,漫遊在宇宙的浩
瀚中。

從胸式呼吸轉變成腹式呼吸,是一種倒轉。一切事物倒轉都意味
著有一次新機會產生。在你的一生中,肋骨一直在錯誤地運動,現在
應該讓他們休息了。

第十七章
學問

　　當今世界，人們沉溺於尋求資訊，渴望學習更多知識。我們執迷於掌握專業技能，渴望擁有聰明才智。資訊包括事實和資料，知識連接事實和資料。賴內‧馬利亞‧里爾克（Rainer Maria Rilke）警告我們說：「不要試圖尋求你根本無法獲得的答案，最重要的是去體驗。現在就開始享受問題本身吧。」我們應該耐心地對待心中所有懸而未決的問題，試著去熱愛問題本身。

　　　　知不知，上；不知知，病。
　　　　夫唯病病，是以不病。
　　　　聖人不病，以其病病，是以不病。
　　　　（選自《道德經》第七十一章）

　　孔子曾說過類似的話：「知之為知之，不知為不知，是知也。」蘇格拉底也說過：「我比別人知道得多的，不過是我知道自己的無知。」

　　想要避免邪惡，就得認識自己的無知，發現自己的局限。當普通人無知卻又自詡淵博時，他是可笑甚至是冒險的；當掌握大權的人無知卻又自詡淵博時，就會造成嚴重的破壞。邪惡就是無知加權力的產物。

　　這樣看來，避免邪惡的最佳方式就是積累學問。孔子認為，只有合格的學者才是合格的領導者。老子敢於挑戰這一傳統。他說道：

絕學無憂。

唯之與阿，相去幾何？

善之與惡，相去若何？

人之所畏，不可不畏。

荒兮其未央哉！

眾人熙熙，如享太牢，如春登臺。

我獨泊兮其未兆，

如嬰兒之未孩。累累兮若無所歸。

（選自《道德經》第二十章）

　　老子的絕學無憂，從字面上看是放棄學問就沒有憂愁，但他真的是要拋棄一切知識嗎？人們往往從三個層面來理解絕學無憂：

　　首先，一些學者說，絕是極致的意思，不是「放棄」。他們更喜歡理解為：學到極致時，你就沒什麼可擔心的了。

　　第二，另一些人則將其理解為固有的儒家學習方式：放棄謹小慎微的學習方式，你將沒有煩惱。

　　第三，是相較字面的一種理解：放棄所有的學問，你就沒什麼可擔心的了。

　　第一種理解不合老子一貫主張，老子成了孔子。第二種理解，是一種折中，更容易為我們所理解。但老子顯然是說我們應該完全放棄知識。我們的煩惱始於知識：當我們分析事物時，當我們試圖控制命運時，當我們想扮演宇宙的統治者時，我們就陷入了困境。我們真的可以放棄所有的學問嗎？並非如此。老子此處有矯枉過正之嫌。

　　在下面的圖片中，小女孩在向著目標奔跑，但她選擇的每一個方向都是錯誤的。一開始，她往左走得太遠，那樣是不對的；她又往右邊跑，但跑得太過了，所以又錯了。最終，她還是達成了目標，因為

她總是能夠不停地糾正和調整自己的方向：從左到右，從右又到左。每次糾正都使她離目標更近一步。我們在生活中每天也會重複著這樣的事情。如果想開車直行，我們必須把方向盤向左轉一點，又向右轉一點，不停地重複著。

　　如果車在冰上滑向左邊，雖然我們只是想直行，但我們還是會用力將方向盤向右轉。如果不這麼做，我們就會掉進溝裡。在生活中，做錯事、說錯話或產生錯誤的想法總是難以避免的。然而，我們會時刻糾正錯誤的行為、言語和思想，從而達到目標。「堅持到底」或拒絕改正自己的錯誤將損失慘重！我們經歷過無數次的南轅北轍，每一次的方向都是錯誤的，但我們不時地通過自我推翻、自我否定，或者自我調整來糾正自己的方向。如果我們仍然朝向右邊，我們必須把方向盤往左轉一點，然後再往前行。經歷了一系列的錯誤，一系列連續的自我調整的錯誤，我們便可最終達到目標。

　　如果一個騎自行車的人在一條鴻溝邊緣左轉，而正確的方向是直行，我們往往會高喊「右拐（Right）！」當老子告訴我們要放棄學問時，儘管他給我們指了個錯誤的方向。不過他仍是對的，只是我們在接受建議的時候不要過頭，轉而走向另一個極端。像那個女孩一樣注意大師們的矯枉過正，別掉進另一條溝裡，就像我們開車時來回轉動方向盤調整方向一樣，「正確的方向」實際上是一系列錯誤方向互相抵消後的結果。老子告訴我們放棄所有的知識，所以如果我們放棄死讀書，那麼老子的建議就是對的。

　　知識能幫助我們，但它也可能會操縱我們。如果只是盲目相信知識，而不去跟隨自己的感覺，我們就很容易走上錯誤的道路。讓我們拋下一切將問題複雜化的正反意見，在自己的道路上堅定前行吧。

五色令人目盲，

五音令人耳聾，

五味令人口爽，

馳騁畋獵令人心發狂，

難得之貨令人行妨。

是以聖人為腹不為目，

故去彼取此。

（選自《道德經》第十二章）

世界上有太多炫目的色彩分散著我們的注意力。相信你的思想和本能，而不是憑藉膚淺的第一印象或武斷的知識來做判斷。

莊子講過一個故事，叫做庖丁解牛。

庖丁為文惠君解牛，手之所觸，肩之所倚，足之所履，膝之所踦，砉然響然，奏刀騞然，莫不中音，合于《桑林》之舞，乃中《經首》之會。

文惠君曰：「嘻，善哉！技蓋至此乎？」

庖丁釋刀對曰：「臣之所好者道也，進乎技矣。始臣之解牛之時，所見無非牛者。三年之後，未嘗見全牛也。方今之時，臣以神遇而不以目視，官知止而神欲行。依乎天理，批大郤，導大窾，因其固然，技經肯綮之未嘗，而況大軱乎！良庖歲更刀，割也；族庖月更刀，折也；今臣之刀十九年矣，所解數千牛矣，而刀刃若新發於硎。彼節者有閒，而刀刃者無厚，以無厚入有間，恢恢乎其于遊刃必有餘地矣。」

庖丁宰牛這麼熟練是因為他看到的不是一整頭牛，而是牛的五臟

和百骸筋骨。他用刀的時候只是遵循了自然的規律，而並不在乎所謂的「技巧」。技巧可以傳授，但是精神和本能卻不能。這也可以理解為無為或絕學。老子教導我們的是要放棄普通廚師宰牛時用的固定的技能，而去學習特級廚師不費力氣就能完成工作的才能。這才是真正的學問。

我們有無數種入門書，但我們不應該讓這些書扼殺我們的智慧和本能。如何引領生活，我們是學不會的，還是讓自然引導我們和我們的刀吧，這樣它才能始終保持鋒利。

莊子回應老子：

> 巧者勞而智者憂，
> 無能者無所求。
> 飽食而遨遊，
> 泛若不系之舟，
> 虛而遨遊者也。[1]

這不是說所有的技能都是不好的，但是我們應該允許自己偏離固定的路徑。我們應該允許自己凝視天空，接受水流會改變方向的現實，知道船也可能不向我們預期的方向航行。如果放鬆自己，我們就能自由地欣賞周圍的美景，而非整日擔憂船將在哪個港口停歇。當有了一份祥和的心態，它便會照亮我們的內心，為我們打開知識的大門，智慧之光將會照耀我們的身心。如果想要世界變得快樂，先使自己快樂起來吧。這是最難學會的。

1　Zhuangzi, *The Inner Chapters*, trans. A. C. Graham (Indianapolis: Hackett Publishing Company, Inc., 2001), 142.

上士聞道，勤而行之；

中士聞道，若存若亡；

下士聞道，大笑之，不笑不足以為道。

（選自《道德經》第四十一章）

人人都可遵循道，不僅是我們，但我們是那群主動去掌握道並讓它為我們所用的人。這能否使我們成為聰明的學生呢？也許吧。

如果老子的教義僅僅是「常識」，沒人會笑。然而，老子的思想具有煽動性、獨創性，讓人感覺不舒服。因循守舊的人笑道家思想荒謬，但是他們的笑聲恰恰表明，老子觸到了敏感之處。老子說他們愚蠢，但是他知道我們需要「愚蠢」的人，沒有「愚蠢之人」，老子的道就不存在了。

理解是難以描述的。生命短暫，宇宙無窮，不懂的事物還有很多，如果你能使自己的人生活出精彩，即使世間萬物都是悲劇，你的生活也可以成為喜劇。

第十八章
正義

以正治國，

以奇用兵，

以無事取天下。

（選自《道德經》第五十七章）

　　按照老子的說法，正義的概念包含了驚喜的成分。下棋時，你要出其不意地攻擊對方，這就是無不為。在日常生活中，如果你是在正義和公平的前提下工作，你仍然可以製造驚喜。同時，你的靈魂應當遵守無為的原則。我們既要想到，不是所有事情都會按照最初的期望去發展。同時還要明白，不應該被過去、現在和將來的種種擔憂所束縛。因為這些都不是你所能控制的。你能做的就是想好策略，出奇制勝，保持冷靜。

其安易持，

其未兆易謀，

其脆易泮，

其微易散。

為之於未有，

治之於未亂。

合抱之木，

生於毫末；

九層之台，

起於累土；

千里之行，

始於足下。

（選自《道德經》第六十四章）

我曾經在課堂上說，「不要過多地干預世界」。然後有學生問我，「那我們應該怎樣對付邪惡？難道我們只是旁觀，而對世事不管不顧嗎？」

當然，我們有時無法避免災難的發生。當我們看到世界上的罪惡時，第一反應是做些什麼。我們想以眼還眼、以牙還牙，認為採取行動才是公平和正義的。我們還認為，通過行動，我們可以儘快解決所面臨的問題。但是，我們的第一反應應該是加強自己的善良意識，並且捫心自問：用武力消滅了「惡人」是否就能真正地解決問題。我們不知道「惡人」是不是問題的真正根源，對於首次「帝國反擊戰」式的連鎖反應可能會導致混亂或報復。如果不假思索地採取行動，我們就不得不去解決因此行為而引發的所有後續問題。理想的情況下，我們應該在一開始就阻止邪惡的發生。麻煩沒有發生之前，解決起來相對容易。

面對不公正的事情時，我們不知道該「為」還是「不為」。人們通常認為，採取行動才是強者的行為和有道德的表現，無所作為則是軟弱和不道德的表現。事實上，無為也同樣有道德，而且可能需要更多的力量和對正義的尊重才能做到。

大多數美國人認為薩達姆‧侯賽因（Saddam Hussein）是個邪惡之徒。9.11 事件後，美國向他發起了攻擊，但是當時薩達姆‧侯賽因和 9.11 之間的關聯還不是很清楚，而現在的伊拉克卻因此處於動盪

的局面。（編者注：此書作於 2008 年）政治分析家仍然在爭論是否應該讓他下臺，但在將來，我們應該認為，「無為」在思想和道德上都和「為」一樣公平。我們不採取行動，並不是意味著我們支持邪惡。如果我們沒有立即採取行動，也不應該被認為是軟弱。無為意味著不採取違背自然規律的行動，人權是自然規律的一個方面，所以當我們為正義採取行動的時候，我們遵循了自然規律。但我們必須保證，為正義採取行動時，不要製造更多的問題，否則還不如無為。

第十九章
工作與休閒

絕不要擔憂瞬間的短暫，因為有了瞬間才有永恆。決不要害怕無為，因為有了無為才有無不為。

無事可做時，就什麼都別做吧，不想做的時候就別做了。千萬別一邊休息一邊內疚，也不要一邊工作一邊痛苦。

老莊認為「以本為精，以物為粗，以有積為不足，澹然獨與神明居。古之道術有在於是者。」掙取麵包固然重要，但是享受它的甜美更加重要。倫敦經濟學院的經濟學家理查‧萊亞德（Richard Layard）舉了個關於工作和幸福的典型例子。他認為，失業已不再是英國最大的社會問題，申請救濟金的英國失業公民總人數不到一百萬，但領取無勞動能力救濟金的人數卻超過一百萬，因為經濟不景氣和社會壓力已使得他們不再適合工作。萊亞德等具有戰略眼光的經濟學家不再滿足于提高就業率，他們還想提升幸福指數。

我們總是幻想，幻想著努力工作最後就會帶來閒暇的享受。資本主義的支持者約翰‧凱恩斯預測，越富裕的社會越悠閒，人們從勞作中解放出來，享受生活中的美好事物。資本主義的反對者卡爾‧馬克思也預測說，人類作為生產資料的所有者，將會享受休閒文化和教育。如果我們的生活能有他們預測的一半好，我們就很滿意了。如今，人們更加努力地工作，更願意購買各種物品，他們希望這些東西可以給自己帶來幸福。具有諷刺意味的是，人們似乎勞累過度，尤其在凱恩斯理論非常盛行的美國和馬克思主義備受尊重的中國更是如此。人們用盡所有手段、所有方法，去遍所有地方，花上所有時間來

工作，卻發現他們的勞動果實很快就變質了。每個人都希望在社會等級階層中有更高的位置，這促使他更快地攀爬、追趕。結果就是，人人都得不到想要的結果。1835 年，亞力西斯‧德‧托克維爾（Alexis de Tocqueville）曾這樣描述美國人：「這麼多幸運的人，卻不安於富足之中。」如今的美國人仍然如此。這是什麼原因呢？他們比以前擁有更多，他們隔著太平洋的鄰居也同樣如此。21 世紀的中國，和他們幾十年前相比有了更多的物質財富，但是更多的人卻得了「紅眼病」（有趣的是英語中用變成綠色來表示「妒忌」），因為他們看到鄰居比他們擁有更多。

我們中的許多人無法做到只關心自己的事情，且會情不自禁地關心其他人的事情。對很多人來說僅僅做好還不夠，還想擊敗自己的同齡人。這種對於地位的焦慮在大自然中也存在。爬上樹頂的猴子享有更多的配偶和香蕉，處在較低樹枝上的猴子同樣也有配偶和香蕉，但是它們不安，因為樹頂上的猴子比它們擁有更多。為了在這棵樹上佔據更高的位置，很多人都願意天天加班。他們犧牲自己和同事的休息時間擠進了前列。在自己做出犧牲的同時，他們也傷害了其他對自身地位保持高度焦慮的人。他們的同事也不得不放棄自由時間來跟上他們的進度。很多人都覺得，如果別人少工作一些，自己也不會那麼拼命。然而，沒有一廂情願的買賣。相反，一些小人物擔心落後，認為如果他們不努力工作，現有的地位就會落到努力工作的人手上。

人們應該減少工作時間，到就近的地方上班，即使這樣意味著要買更便宜的傢俱，住更小的房子。現代人已經成為中國古代神話中的誇父。據說，在中國古代，有一位名為誇父的巨人決定追趕太陽。於是，他便如離弦之箭般地沿著太陽的方向奔跑。最後，因為太熱太渴而無法繼續。這時，他看見了黃河在他面前波濤滾滾。於是猛撲向黃河，將河水一飲而盡。然後他又喝光了渭河所有的水，但仍然覺得又

渴又熱，於是他又向北邊的湖泊跑去。遺憾的是，他在中途撐倒了，最終因口渴和炎熱而死去。這就是中國成語「夸父追日」的典故。「夸父追日」用於指自不量力的人，就像希臘神話人物伊卡洛斯（Icarus）。伊卡洛斯用蠟做成翅膀，朝太陽飛去，卻因離太陽太近，蠟被太陽融化，他跌落水中喪生。

　　現今世界還有很多的夸父和伊卡洛斯，不停地追逐他們的太陽——成功。現代的這些追日者，甚至比夸父更加悲慘痛苦。雖然夸父獨自一人追趕太陽，但是他可以自由地停歇或飲水，而現代的人除了要不停地追，還要被對手趕著跑。夸父只要追趕天上的太陽，而現代人除了要追趕心中的太陽，還要往後看對手有沒有追上來。即使感到口渴、炎熱和疲憊，他們也不能停歇片刻，因為他們看見頭上的太陽正在移動，而自己身後的競爭對手卻在緊緊跟隨。許多人說：「我工作多少年，存了多少錢之後就退休。」一些幸運的人真的實現了他們的目標，準備享受多年以來他們因工作而沒有來得及享受的悠閒生活。不幸的是，太多的人還沒來得及好好享受勞動果實就去世或病倒了。有些人甚至還沒退休就早逝，還有一些人雖然工作了那麼多年，卻也沒有存下很多錢。太陽還在，追太陽的人卻不在了。

　　這不是說我們應該好逸惡勞，而是說，工作是一件持久的樂事。在工作中，我們可以施展我們的洞察力、聰明才智和活力。人們在完成工作之後是最快樂的，在閱讀、聽音樂或在花園漫步時，是最開心的。不過還有一些幸運的人，他們可以通過沉浸在工作中獲得滿足感，就像威斯坦·休·奧登（W.H. Auden）所說：「在職責中忘卻自己。」在奧登的詩中，外科醫生設法成功地完成開刀，文員成功地完成一份提貨單，這種將自我沉浸在工作中的狀態就是無為中的無不為。

　　忘我地工作時，人們就會認真做事，在工作中感到精神振奮，不再把時間浪費在擔憂個人得失的問題上。我們工作應該是過程而非目

標，是主動而非被動，是和諧而非衝突。因此，慢跑在冉冉升起的太陽下，能讓我們感覺到無憂無慮、心曠神怡，而追逐太陽則會帶來無窮無盡的痛苦。

第二○章
名與利

名與身孰親？

身與貨孰多？

得與亡孰病？

是故甚愛必大費，多藏必厚亡。

知足不辱，知止不殆，可以長久。

（選自《道德經》第四十四章）

柳宗元是中國唐代一位偉大的詩人、哲學家，他曾擔任柳州刺史一職，並在其《柳河東集：哀溺文》中寫道：

永之氓咸善遊。一日，水暴甚，有五六氓，乘小船絕湘水。中濟，船破，皆遊。其一氓盡力而不能尋常。其侶曰：「汝善遊最也，今何後為？」曰：「吾腰千錢，重，是以後。」曰：「何不去之？」不應，搖其首。有頃益怠。已濟者立岸上，呼且號曰：「汝愚之甚，蔽之甚，身且死，何以貨為？」又搖其首。遂溺死。

吾哀之。且若是，得不有大貨之溺大氓者乎？……

莎士比亞則在《雅典的泰門》中寫道：「金子？黃黃的、發光的、寶貴的金子？……這東西，只這一點點兒，就可以使黑的變成白的，醜的變成美的，錯的變成對的，卑賤的變成尊貴的，老人變成少

年，儒夫變成勇士。」我想加一句：也能使活的變成死的。

世上所有的盜賊搶劫時不用學都會無師自通地說：「要錢還是要命？」在這種重要時刻，多數人都會選擇自己的性命。但是如果沒有強盜拿槍對著他們的腦袋，有些人就意識不到自己同樣也面臨著生與死的抉擇。就像溺水的游泳者，他們沒辦法回答老子的問題「身與貨孰多？」在日常生活中，那些愛財之人可能不會立即溺死，但是他們負荷太重，遲早會一點一點被身上的重荷拉下去的。

如果我們認為這位普通的游泳者是因為太過愚蠢才不把腰間沉重的銅錢扔了保命，那就錯了。在歷史上，很多睿智之人都犯下了同樣的錯誤。將他們逐漸拉下水的是兩大包袱：一個是利，一個是名。事實上，中國把財富和名譽合起來說成一個詞：名利。老子嚴厲地批評了那些為名利豁出性命的人。與此同時他還問道：「名與身孰親？身與貨孰多？得與亡孰病？」

項羽是眾所周知的悲劇英雄，他是秦朝末年的楚國人。在春秋戰國時期，楚國戰敗被秦國征服。項羽借助大澤鄉起義，在會籍郡斬殺郡守後崛起，舉兵反秦。巨鹿之戰後，率軍入關中滅暴秦，威震海內。起義軍中還有另外一位著名領袖名叫劉邦。項羽出身重聲譽和禮數的名門望族，劉邦則是普通家庭出身，但行事圓滑又能屈能伸。所以他們之間的王位爭奪成了中國文學和戲劇的永恆主題。

項羽曾有過很多次俘獲或打敗劉邦的機會。剛開始的時候，劉邦的勢力還很弱小。因為項羽不想恃強凌弱，所以一次次地放虎歸山。錯失的機會當中，最有名的便是鴻門宴。項羽挾持劉邦去自己的營帳參加宴會。當時，項羽的亞父——范增舉起玉杯示意項羽發令將劉邦拿下。但項羽卻猶豫不決，默然不應。最終，還是讓劉邦毫髮無損地逃脫。項羽的理由是不要為天下人所笑，分明不懂老子的「名與身孰親」的道理。隨後劉邦勢力漸漸強大起來，劉邦以怨報德，步步相逼。

最後，項王軍敗垓下，兵盡糧絕，漢軍及諸侯兵圍之數重。夜聞漢軍四面皆楚歌，項王乃大驚曰：「漢皆已得楚乎？是何楚人之多也！」項王則夜起，飲帳中。有美人名虞，常幸從；駿馬名騅，常騎之。項王解開了馬韁，但騅卻不走。虞姬說：「君誠邀虞姬舞，虞姬婉拒。今虞姬願為君舞。」於是項王乃悲歌慷慨，和其舞，自為詩。這首《垓下歌》成了中國最有名的詩之一，迄今為止其中的悲壯情感，仍打動著億萬中國人的心。

> 力拔山兮氣蓋世，
> 時不利兮騅不逝。
> 騅不逝兮可奈何，
> 虞兮虞兮奈若何！

舞畢，虞姬自刎。形勢所迫，於是項王乃欲東渡烏江。烏江亭長檥船待，謂項王曰：「願大王急渡。今獨臣有船，漢軍至，無以渡。」

項王笑曰：「天之亡我，我何渡為！且籍與江東子弟八千人渡江而西，今無一人還，縱江東父兄憐而王我，我何面目見之？」[1] 這裡，項羽又一次不懂得老子的「名與身孰親」的道理，為了面子放棄東山再起的機會。

抬頭一看，便見大軍已近，項王短兵接戰。獨籍所殺漢軍數百人，已感疲憊。忽見故人，項王曰：「吾聞漢購我頭千金？邑萬戶，吾為吾德。」乃自刎而死。

項羽不靜思己過反認為自己的失敗是老天和時機造就的。他過於

1　Cyril, ed. *Anthology of Chinese Literature*, trans. Burton Watson (New York: Grove Press, 1965), 121.

重名譽，而屢次放走他的宿敵；過於在意面子而不回故鄉重振旗鼓。
重聲譽的楚霸王一如超負荷帶著銅板的溺水者，一步一步走向深淵。

　　在日常生活中，我們有太多顧慮，並視其為身份的一部分，而忘
記了其實完全可以放下這些包袱回歸自由。我們總是害怕同齡人超過
自己，害怕流言蜚語，最終毀滅自我卻不自知。我們害怕被人評論，
擔心自己的形象受損。總是想著「我會不會太胖了？」「我的車夠不
夠高檔呢？」「大家喜不喜歡我呢？」

　　外在的物質和事情變成了我們自我意識裡不可分割的一部分。面
對老子給我們出的選擇題──名與身孰親？身與貨孰多？得與失孰
病？──我們總是無意識地做出錯誤的選擇。願老子的良方治癒我們
的這些雜念吧：

> 是故甚愛必大費，
>
> 多藏必厚亡。
>
> 故知足不辱，
>
> 知止不殆，
>
> 可以長久。
>
> （選自《道德經》第四十四章）

　　與從前相比，現代人有了更多的附屬品，比如：手機、汽車，還
有房子。他們不知道正是這些附屬品使他們的生活失去了意義。我認
識一個做生意的人，他把存有數千名連絡人的手機弄丟了，真是損失
慘重，因為在當代中國，人人都靠著「關係」、生意或社交網路過
活。如果你想辦成一件事，就不得不直接或間接地找人幫忙。沒有
「關係」，你就什麼都不是。所以很自然，他就像熱鍋上的螞蟻一樣
開始擔心，變得坐立不安，一整天什麼都沒做。等他回到家，走近社

區公寓樓時，奇跡出現了。過去從來沒有注意過的一樣東西吸引了他的眼球──樓前的樹苗已長成了高高的大樹。他從來沒有發現這個變化，因為他總是時時刻刻在和別人通電話。他走進公寓，跟家人一起吃晚飯，這是平生第一次他沒有在吃飯的時候打電話。他抬頭看了看，這位兩鬢稍白的女士是誰？──她當初滿頭秀髮。這個苗條的小姑娘是誰？──她當初還在蹣跚學步。她們就是他的妻子和女兒。已經有十年沒有仔細看過她們了。現在，他溫柔地看著她們，而她們也微笑著回望他。一股和諧之氣在他們之間升騰，就像祥雲將他在幾千個電話交談中錯過的十年帶回他的身邊。

第一次，他待在家裡「無為」。沒有跟他的朋友社交，沒有同合作夥伴談判，也沒有密謀如何應付對手。事實上，在無為的同時他也無不為，即跟家人重新溝通，重新定義自己。這裡得與失同時存在。就像老子所說，「故物，或損之而益，或益之而損。」（道德經第四十二章）他丟失了手機，卻撿回了自己曾經丟失卻未發現的東西：他的家人、快樂和生活。整個家庭也獲得了曾經丟失的那些美好。無為就是回到當下，把自己從得與失的困惑中解放出來。

並非一定要丟了手機才能「無為」，你可以做一些非常簡單的和平時不一樣的事情。比如，把手機扔在家裡，去森林裡看書，在樹上留張字條，張開雙臂站幾分鐘，仰望天空中閃爍的繁星。如果你認識到宇宙中最華彩的篇章就是宇宙本身，你就不必因為自己不尋常的行為而去在乎別人的看法，這也是需要勇氣的。今天，我們不想錯過宇宙的華章，我們要仰望星空，我們要無為而無不為。

在無為（事實上是無不為）的過程中，你放棄了貪婪，而獲得了自由，你解開了枷鎖，整個宇宙在前面等著你去發現。

第二一章
美

> 毛嬙、麗姬，人之所美也，魚見之深入，鳥見之高飛，麋鹿見
> 之決驟，四者孰知天下之正色哉？
>
> ——《莊子·齊物論》

　　世界上的哲學家和思想家對美的討論已持續了幾千年之久。美已經成為一個謎。我們認為，如果我們能夠揭秘美的意義，就能解救自己的精神世界。對於乾旱時期的中國農民來說，覆蓋大地的烏雲是世界上最美麗的東西；對於中世紀的騎士來說，情人的一綹頭髮是世界上最美麗的東西；華爾街的商人則認為，納斯達克市場不斷上揚的股價是世界上最美麗的東西；而數學家卻從完美的無懈可擊的方程式證明中發現美。事實上，這些人不是在談論美，而是在說他們對滿足感的需要。美不是一種需要，不是乾渴的嘴唇，也不是伸出去的雙手，而是一種心靈的體驗，是一顆燃燒的心和一種求知的思想。美是非功利的，不是達成目標的成就感。

> 子在齊聞韶，三月不知肉味，曰：「不圖為樂之至於斯也。」
>
> ——孔子《論語·述而》

　　孔子體驗到了真正的美。他對於韶樂沒有急切的需要，也不靠它而生存，但他不能否認自己有一顆被世界羞辱和傷害且求知的心。當他發現這音樂，它戰勝了需要吃飯的本能。美是一種自然。愛默生曾

經說過：「大自然除了提供人類意識所需之外，還滿足了一種更高尚的追求——那就是滿足了人們的愛美之心。」

和美不同，成功滿足了我們的需要。成功會給你帶來很多東西，但卻無法像美那樣帶給我們動人心扉的感受。美是沒有目標的過程，也是一種無為，因為它無法被擁有。

你不可能擁有世界上的一切。如果那樣，你往哪裡放呢？你也不可能擁有世界上所有的成功，如果那樣，你如何能夠承受？但是，你可以享受世界上最美好的事物，因為你不會擁有它，你不用把它從別的地方拿過來，變成你的財產。你能夠看見它、體驗它、感受它，但卻不能擁有它。美之美在於它不是你的，你不能從宇宙搶奪美，也無法阻攔別人與你共用它。成功是有限的，但美是無限的。老子說：「天下皆知美之為美，斯惡已。」（《道德經》第二章）

當人們看到美，就會想去擁有它。對美的爭奪已經成為醜陋的夢魘。只有你什麼都不做，讓美自然地觀察你、滲透你，將你帶領到一個超越自己的世界，你才能發現真正的美。

那些相信大自然孕育一切的人們，由於他們的心靈被星空之浩瀚感化，所以即使在城市的喧囂或浮躁的人群中，他們也不會失去自我。如果你身處日常生活的繁瑣中——面對戰亂或革命的騷動，面對親友的逝世和一切隨之而來的痛苦與悲傷，星空會陪你說話，給你講述古老的傳說，慰藉你受傷的心，撫平你的悲痛。它會告訴你每件事情都是暫時的。銀河閃耀，夜鶯歌唱，流星墜落，月光照耀，繁星閃爍，一切都是短暫的。白天的嘈雜過後，夜晚總會變得非常安靜，所有的行動都停歇下來。潮漲又潮落；強風過後，大海又回歸平靜；月光灑在平靜的水面上，水在柳蔭下蕩起陣陣漣漪。一切都回歸平靜，這便是自然規律。這些場景使我們明白了享受靜謐的訣竅和擁有力量的玄機。我們將忘記種種暫時的憂慮，因為遙遠的地方總有個聲音在

低語：「一切都會過去的。」

　　宇宙之鏡照出來的美是永恆的。只要你成為鏡子的一部分，就能成為美的一部分。你可以漫步于鮮花常開的花園裡，但絕不摘取當中的任何一朵；你可以與一群天使翱翔卻決不與它們爭鬥；你還可以與龍共舞卻不屠殺它。

　　美是一種自由，從世事中解放出來，從努力和成功的枷鎖中逃脫出來。在美麗與成功之間選擇時，莊子選擇了美：

> 莊子釣于濮水，楚王使大夫二人往先焉，曰：「願以境內累矣！」。莊子持竿不顧，曰：「吾聞楚有神龜，死已三千歲矣，王以巾笥而藏之廟堂之上。此龜者，寧其死為留骨而貴？甯其生而曳尾于塗中乎？」二大夫曰：「甯生而曳尾于塗中。」莊子曰：「往矣！吾將曳尾于塗中。」

　　莊子在濮河釣魚，楚國國王派兩位大夫專請他（做官），（他們對莊子）說：「想將國內的事物勞累您啊！」莊子拿著漁竿沒有回頭看（他們），便說：「我聽說楚國有（一隻）神龜，死了已有三千年了，國王用錦緞包好放在竹匣中珍藏在宗廟的堂上。這只（神）龜（它是）寧願死去留下骨頭讓人們珍藏呢，還是情願活著在爛泥裡搖尾巴呢？」兩位大夫說：「寧願在爛泥裡搖尾巴。」莊子說：「請回吧！我要在爛泥裡搖尾巴。」

　　1976 年，我經歷了一場中國歷史上最嚴重的自然災害——唐山大地震。那兒離我當時上學的地方很近。這次地震造成了二十四萬餘人死亡，傷亡人數超過了人類歷史上任何一次地震。那天晚上，我們覺得整個世界都在晃動。就像我們正坐在一隻小船上，在大海裡上下顛簸。我們從宿舍狂奔出去，所有的學生都站在操場中央。我們在外

面住了許多日子，沒法回到屋裡去。幾天後，一場強烈的餘震襲來，撼動了我們高高的宿舍樓和教學樓，它們看起來就像風中的野草。我們全都站在那裡，目睹大自然展示其威力。

有位姓袁的女同學突然說：「太美了。」每個人都很安靜。沒有人給她一拳，沒有人說她是反革命，甚至沒有人認為她玩世不恭，每個人都陷入了沉思。

她的話在我心頭縈繞了多年，尤其是十年後我聽說她自殺了的時候。在這次災難中她看見了什麼樣的美？這是我們的教學樓，我們的校園，我們的宿舍；那天晚上，我們沒有地方睡覺，也沒有教室可去。這怎麼可能美？

也許她看見了自然展示它的力量；也許她看見的美是我們日常生活中那些理所當然的事物被撕成碎片；也許她看見了死亡；也許她看見人類邏輯與自然災害相抵觸的情形；也許對她來說，美與結果無關，它是遠離日常利益，被隔離在未知世界中的。

我的袁同學可能很贊成莊子的觀點，造物者的破壞行為中也蘊含著美。莊子講過這樣的故事，四個人討論生命與死亡。「我會與那些以虛空為頭，以生為脊，以死為尾的人做朋友。」四人凝望著彼此，笑了。他們在內心達成一致，所以成了朋友。

過了一段時間，第一位朋友生病了，第二位朋友去探望他。生病的人說：「太妙了！造物者竟然能把我擠成這樣一個形狀。我的眼睛、鼻子和嘴都朝上，我的背彎了兩倍，我的臉頰觸到了肚臍，肩膀高於我的頭，我的頭脛骨指向天空。陰和陽都顛倒了。但我的心很平靜，當我去井邊看見水中的自己時，我說『哇！造物主把我擠成了什麼形狀啊』！」

朋友問：「你難受嗎？」

「難受？我為什麼要難受？如果我的左胳膊變成一隻公雞，我會

啼叫著迎接黎明。如果我的右胳膊變成一個彈弓，我可以用它來打貓頭鷹。如果我的臀部成為輪子，我的心靈就能駕馭它們，那我就不需要馬隊了。機會來臨時，你可以體驗，機會過去了，你就體驗不到其中的奧妙了。遵循機會，就沒有悲喜。古人稱之為『解結』。如果你不能解開結，事情會將你捆綁起來，而任何事情永遠都不可能打敗蒼天。我為什麼要難受呢？」

不久，第三位朋友生病將要死去。他的妻子和孩子們把他團團圍住，傷心地哭著。第四位朋友去拜訪他，告訴他的妻子和孩子：「請離開，不要打擾他。」他斜靠在門上，跟將死的人說：「偉大的造物者啊，它接下來會對你做些什麼呢？它會把你送到哪裡去呢？也許，它會讓你變成老鼠的肝臟或昆蟲的臂膀。」

將死的人說：「當父母告訴他們的孩子往東南西北走時，孩子們會服從。當陰陽向人類發出命令時，我們也應該遵守。如果要我去死，而我拒絕這樣做，我就是不服從陰陽。陰陽並沒有錯，宇宙承載著我的身體，在我有生之年讓我的身體順利運行，滋養我到年老，並將我推向死亡。它能賜予我生命也同樣可以賜予死亡。假設鐵匠在錘鐵時一塊鐵突然跳起來，用人類的語言說『我要成為世界上最好的刀』，鐵匠肯定會感到震驚。如果一個人喊道『我想重生』，造物者也會感到震驚。現在天和地是個大熔爐，而造物主是一名鐵匠，他則主宰著一切。」

袁同學的聲音消失在我們的沉默中，就像昏暗的燈光在恐懼的陰影之中顫抖一樣。在那個年代，她可能會被定罪為反動分子。然而在那個時候面對著那樣的場景，每個人都「震驚」地陷入沉默。她看到自然扭曲了自己，就像莊子看見自然把健康的人變成殘疾者一樣。她不是哲學家，但她的心思與莊子的想法摩擦出火花並穿過 2,500 年在我們面前閃耀。在這裡，美是無不為。自然有能力做到任何事情，它

能創造宇宙也可以摧毀它，它能轉變或消除我們認為理所當然存在的規律。當我們能夠認識到這種無不為時，我們自己便做到了無為。每當我們見證到無為與無不為形成的鮮明對比，我們的心靈便會經歷一次洗滌。焦慮、期望和遺憾都是徒勞的，無為與無不為的對比是美麗的。

真正的美是我們無法理解的美。藝術家創造出美麗的顏色、線條和形狀。他們指出了我們能夠看到，卻無法從形式上加以理解，更無法用語言表達的美。在傳統的中國畫中，你總能看見一座雲霧繚繞的高山和在蜿蜒的小溪間悠閒泛舟的漁夫。在畫中，自然界很高大而人物很微小。這些畫中也常出現雪、亭閣、溪流和山脈。雪並不代表嚴冬，而是預示著春天的到來，就像中國成語「瑞雪兆豐年」的含義一樣。

亭子是供休息和欣賞風景的地方，亭子是一扇敞開的窗戶，連接著心靈和宇宙。小溪是水，道家說，上善若水。

子曰：「仁者愛山，智者愛水。」山象徵儒教堅實的人道主義基礎。當山水相匯，道家和儒家思想便相互融合並造就了和諧。唐代詩人王維在《山居秋暝》中寫到：「空山新雨後，天氣晚來秋。明月松間照，清泉石上流。」所有的景象都呈現出一種平靜的、充滿希望的、和諧的氛圍，好像在對我們說：「時間在變化，水在流動，山脈則靜止不動。你應該在這裡好好休息一下。以後會好的，什麼都不需要做。」

在西方，尤其是對文藝復興時期的藝術而言，人是畫的中心。在《蒙娜麗莎的微笑》中，人臉佔據了畫布的大部分空間。即便畫中有自然，也是被擺到角落裡。對於西方人來說，人類通過展示自己的臉和身體來體現美。如果人類的身體能經受得住疼痛的考驗，就更加美麗了，例如，耶穌基督被釘在十字架上忍受折磨，除了其象徵意義以

外，這更體現出一種精神上的至美。耶穌帶著不言的苦難犧牲了自己，但他的臉和身體仍保留著無私和希望的美。他的希望在人間傳播，仿佛我們人類作為世界的中心可以擊敗任何邪惡勢力，可以殺死任何一條惡龍，還可以從疾病中恢復過來。

這與傳統的中國畫形成鮮明的對比，中國畫通常以自然景觀為主題。這兩種不同的中心——大自然和人類，體現了兩種不同的生活方式。中國人發明了火藥，拿來制鞭炮，而歐洲人卻用它來造武器。工業革命開始了人類征服自然的進程，這違反了道家順其自然的原則。現在，我們正在飽嘗污染造成的苦果。征服自然和順其自然是對立的也是互補的，我們不能說哪個更好，我們兩個都需要。我們應該用兩條腿走路，在理解和欣賞大自然的同時，也可以對其加以改變。無為和無不為可被視為宇宙之歌中的兩種主旋律。

這就是世界，我們應該像童話裡的王子和公主那樣永遠幸福生活。也許有一天，世界會顛覆我們視為理所當然的和諧，但這同樣美麗，只要我們意識到我們不是扮演著神的角色，只要我們不試圖讓世界變成我們所希望的那樣。這就是藝術，只有當我們意識到自己是宇宙的一部分，兩者不可對調時，我們才能夠冷靜堅定地與人生對話。我們可以對生活說：「我對你有信心。來吧，做你必須要做的事情。」最終，生活會以它特有的方式來回應你的願望。

第二二章
愛

　　假設一個男人愛一個女人，結了婚，就意味著接下來的日子裡有50% 的可能會離婚，同時有 99.99% 的可能有一方會比對方先死去。相處時有多快樂，一方去世之後留下來的另一方就會有多痛苦。我這麼說的意思並不是說這對夫妻不應該結婚或者不應該享受他們在一起的美好時光。但是，他們應該意識到的是：現在的快樂在將來的某一天會消逝。

　　讓我們一起來聽聽由漢代劉向講述的有關葉公好龍的故事吧。

> 葉公子高好龍，鉤以寫龍，鑿以寫龍，屋室雕文以寫龍。於是
> 天龍聞而下之，窺頭于牖，施尾於堂。葉公見之，棄而還走，
> 失其魂魄，五色無主。

　　財富、婚姻和地位可以看作是真龍，我們擁有的時候，它們已不再如我們所想。但我們仍然可以為了它們而工作，而去追尋成功，只是這種追尋的目的應當是為了感受其中的樂趣，而非想像中的不可或缺。我們總是無法理解因果之間的關係，結果總是有悖初衷，目標也不是每次都能實現。我們行動的原因是追求達成目標的幸福感和享受過程的美麗。意圖比結果更加珍貴，過程比目標更加美麗。只要遵循自然的規律，我們就能夠無為和無不為。焦慮來源於我們把自己定義為「上帝」的角色。就像我們難以控制宇宙的運動一樣，我們也難以掌控自己的命運。愛情是一種甜蜜的負擔，智慧則是徹底的超脫。我

相信我們有很大的空間去掌控這兩方面，一如處理無為與無不為的關係一樣。

你愛別人，別人卻可能不愛你，因為愛不是一種交易。希望可能落空，夢想可能會帶來失望，因為夢想和夢魘是一對雙胞胎姐妹。就像老子所提倡的那樣，對立的雙方應當相互聯合並相互支持。風險是不可避免的，因為生活中最大的風險就是沒有風險。執著于我們所謂的安全，我們也就否認了生活。

每個人都渴望愛情，但人們真正懂得如何去愛嗎？許多人都同葉公一樣，渴望幻想中的愛，而不是愛情本身。愛是人類可以擁有的最美好的感情之一。愛情是兩個靈魂的結合，他們在悲痛中相互支持，在困境中相互鼓勵，共同分享彼此的歡樂，在無聲的回憶中融為一體。愛不是某種行為，而是一種陪伴。愛就是對自己喜歡的人說：「親愛的，我在這裡支持你，讓你堅強，與你一起分擔，和你融為一體。」如果你愛一個人，每當你感到開心，或欣賞到最美的落日時，便會希望你愛的那個人就在你的身邊。如果你真心想著，「我希望你在我身邊」，你就會知道你愛這個人，因為你想和他/她分享此時此刻，或者此時此刻和他/她待在一起。愛的本質就是安寧或者無為。

最失敗的愛情宣言莫過於「我是你的」，緊隨其後的便是「你是我的」。這兩句話堪稱愛情殺手。試圖擁有對方的行為恰恰違背了無為的愛。在許多浪漫歌曲中，人們往往會將愛比喻為天上的太陽或星星。人人都尊崇太陽與星星的大美，但人們卻不會（也不能）試圖擁有它。這正是無為之美，也應是愛情之美的所在。

「在愛情和戰爭面前，一切都是平等的。」這句關於愛情的諺語同樣糟糕至極。戰爭是無不為，即：採取一切手段戰勝對手。如果把愛情搞得像戰爭，喧鬧與憤恨便會徹底掩蓋寧靜與美好，征服與投降便會成為愛情的代名詞。難怪愛情和死亡會被視作浪漫主義文學中恆久不變的兩大主題。

第二三章
陰陽交互

　　陰陽是道家的基本辯證方法，涵蓋所有對立存在的事物，包括正和負、前和後、善與惡。然而，陰與陽的本意原是男性和女性，正是這種陰陽的交互造就了生命的本源。

　　死亡的對立面是什麼？很多人會說是生。人類必須通過發生性關係來延續生命之火，使之代代相傳。因此，死亡的對立面可以說是性。死亡宣告著個體生命的結束，而性保證了群體的永存不滅。如果我們能理解面對死亡時的極端恐懼，也就能夠理解「性」具有的奇妙吸引力。無論是浪漫至極的詩人，威武蓋世的屠龍戰士，還是再平凡不過的尋常百姓，伴侶們總是會伴隨著無以名狀的性高潮，化身為兩位冒險家，共同營造起一個二人世界，相互體驗著其中的絢爛與黑暗、迷幻與清醒、安適與冒險。至少在那一刻，他們可以向世界宣告一份徹底的獨立和自由。這對伴侶仿佛已成為奧林匹亞的神仙眷屬，他們已打破時空，穿越生死。哲學家、先知和大師們爭相來解釋這一獨特現象。在他們當中，有些人試圖阻止陰陽交互的行為，而另一些人卻把這種交互看做是一種解脫。其中多數人均從政治或道德的角度出發闡述其觀點。

　　在中國，儒學把性界定為禁忌的話題，而令人倍感其虛偽的是，中國傳統社會卻同時允許男人納妾。子曰：「唯女子與小人難養也，近之則不孫，遠之則怨。」儒教跟基督教一樣，性被不可避免地視為邪惡，且兩性間的地位並不平等。涉及性的文學與藝術作品屢屢遭禁，同時也對宣講陰陽的作品予以限制。

相反，道家視性為遵循自然的一種行為，並提倡陰（女性）陽（男性）的平等結合。對於道家來說，性是一個關於健康的話題，與道德和政治無關；同時也是關乎萬物和諧的主題，而非社會公約。老子說：「道生一。一生二。二生三。三生萬物。萬物負陰而抱陽，沖氣以為和。」（《道德經》第四十二章）

老子提倡在陰陽結合中實現和諧與平等，堪稱最早的女權主義者。老子曾言：「牝常以靜勝牡。以靜為下。」（《道德經》第六十一章）對他來說，在男女關係中，女人與男人的地位是平等的。老子通過形象而富有啟迪性的演講，宣稱女性可以安靜守定自居柔下戰勝男性，他所秉持的論據便是柔能克剛，滴水石穿。男人似石，女人似水，兩性共同創造了和諧、快樂和健康。老子得出這個結論不僅是通過觀察社會，也是基於他對自然的理解。在大自然中，天與地互補，水與火相克，男與女則相輔相成。男人和女人可被視為天與地，但他們又獨立於彼此。天地是永恆的，而男人和女人卻要經歷死亡。天地通過雨、雪、彩虹彼此接觸，男人和女人也應如此。每一次陰陽交合都意義非凡，如同天地之間的愛撫與輕觸。許多道家文獻均對房中術多有談及。陽（男性）與陰（女性）應遵循自然的無不為原則，盡一切努力使彼此間和諧相處。所以老子說：「萬物負陰而抱陽，沖氣以為和。」

唐代文學家白行簡（西元 776 年至西元 826 年）描述了男性和女性在四季應該如何仿效大自然的和諧之美。個人身體內部的運動也映襯出窗外季節的變化。「若乃夫少妻嫩，夫順妻謙，節候則天和日暖，（春也），閨閣亦繡戶朱簾。鶯轉林而相對，燕接翼於相兼。」「其夏也，廣院深房，紅幃翠帳，籠日影於窗前，透花光於簟上。苔苔水柳，搖翠影于蓮池。」「其秋也，玉簟尤展，朱衾半熏。」「其冬也，則暖室香閨，共會共攜。披鴛鴦兮帷張翡翠，枕珊瑚兮鏡似頗梨……綠酒同傾，有春光之灼灼；紅爐壓膝，無寒色之淒淒。」

　　這篇最具詩意且生動描述陰陽相交的文章出自白行簡的《天地陰陽交歡大樂賦》。這篇文章在遺失了一千年之後（也許是因為他把性和大自然的四季大膽地對比描寫），由法國探險家保羅・伯希和（Paul Pelliot）於 1908 年在敦煌石窟的密室裡再次發現。我們不應忽視這次不尋常的發現，而應充分將其運用於我們的日常生活中。我們若把性與自然景觀及宇宙間動人心魄的大合唱聯繫起來，就能實現更為和諧的性關係。

　　大多數人認為性是私密的，甚至是可恥或者有罪的。對他們來說，只應在密室裡或者拉下床簾之後才可以有性行為，因為世界不允許它光明正大地發生。也許人類的世界不允許，但自然世界是允許的。人之交歡與陰陽的自然交流相呼應。這樣一個時刻應伴有義大利男高音詠歎調，「Nessun dorma（今夜無人入睡）！」：「無人入睡！無人入睡！公主你也是一樣，要在冰冷的閨房，焦急地觀望，那因愛情和希望而閃爍的星光。」若能做到「無不為」，你就可以同時做兩件事。你可以一邊關上燈，一邊觀賞閃爍的星河；也可以一邊傾聽潺潺的小溪，一邊沉浸在愛河之中。卷起窗簾讓月亮悄悄在旁偷看，為你加油。大自然是你永遠的粉絲，向自然敞開你的心門，大自然將盡其所能，為你高唱一曲最歡快的凱旋之歌。與自然相伴，你和你的伴侶將征服全世界。

　　陰陽交合雖然令人神魂顛倒，卻也潛藏危險。正如老子警告我們的一樣，福兮禍之所伏。莊子也曾論及床笫之事與盤中之食中潛藏的危險：「夫畏塗者，十殺一人，則父子兄弟相戒也，必盛卒徒而後敢出焉，不亦知乎！人之所取畏者，衽席之上，飲食之間；而不知為之戒者，過也。」

　　紀曉嵐（西元 1724 年至西元 1805 年）在著名的奇異故事集《閱微草堂筆記》中講述了這樣一個故事：有個人住在山上的房子裡。一

天晚上，他坐在院子裡，看見一個漂亮女人從院牆外窺探他。他只能看到她迷人的臉。她似乎在微笑，在和他調情。他的眼睛完全定格在她那張漂亮的臉上了。突然，他聽到院外一群孩子在大叫：「有條大蛇盤繞在樹上，把頭掛在牆上！」男人突然意識到那女人是條蛇，是妖變了身想要吸他的血。如果靠近她，他的生命將危在旦夕。

這個故事努力揭示放蕩行為所隱藏的後果，它會毀了一個人的健康甚至生命。就像莊子說的，床上隱藏著巨大的危險。特別是當我們意識到 16 世紀之前中國還沒有性傳播疾病的事實時，莊子的洞察力愈顯深刻。道家大師們都意識到「床事」隱含著巨大的危險，它可能令人失去精氣神，消耗儲備生命的能量。與歷史上猖獗的性傳播疾病相比，如今，我們面臨的危險更甚數百倍。愛滋病的出現構成了前所未有的威脅，就像蛇妖幻化的魅影盤繞全世界的上空。幾千年前，老子和莊子就曾警告過我們物極必反的道理，如今，愛滋病卻讓生與死這兩股相反的力量進行了一次冰冷的相遇。

我們應該聽從老子和莊子的教誨——順其自然，享受快樂，但要懂得顧及後果。無論從道家的任何角度而言，無為和無不為最終必定會形成水乳交融之勢，如陰陽交互，方可宣佈生命的勝利和死亡的失敗。

第二四章
理想

　　一個人年輕的時候如果有理想，就會努力去實現。但實現目標時，他可能會發現，這些並不是自己真正想要的，自己的理想竟然會背叛自己。由於人總有一天會死去，不可避免地要與自己的目標永遠別離，以往的努力便就此化為烏有。人是自然的一部分，也是社會的一部分。人在向目標邁進的過程中，工作本身及為之付出的全部努力，就是對自然之美或社會之美的一種實現。我們可以享受這種美、這種成功的感覺，但不應認為成功將就此屬於我們，因為成功本身就是極其短暫的。

　　在我們設定目標的時候，往往會依賴於他人的意見或建議。我們都擁有自己的生活目標，但卻從未能如願以償。由於沒有實現過目標，所以我們不知道實現目標後究竟會有多麼快樂，我們只能靠別人的描述來加以想像。我們聽了別人的話才有了要實現某個目標的動機。於是，我們朝著這個目標努力，然而，當我們真正實現這個目標時，可能會發現它並不是我們夢寐以求的樣子。列子曾講述過這樣一個故事：

　　　　燕人生於燕，長於楚，及老而還本國。過晉國，同行者誑之。指城曰：「此燕國之城。」其人愀然變容。指社曰：「此若裡之社。」乃喟然而歎。指舍曰：「此若先人之廬。」乃涓然而泣。指壟曰：「此若先人之塚。」其人哭不自禁。同行者啞然大笑，曰：「予昔紿若，此晉國耳。」其人大慚。及至燕，真

　　見燕國之城社，真見先人之廬塚，悲心更微。[1]

　　燕人看到晉人的祖墳很感傷，因為別人告訴他，那是燕國人的祖墳，但當他看見自己真正的祖墳時，反而不是很悲傷。他的情感已完全被他人製造的錯覺所掌控。

　　孔子有時會表現出對道家隱約的欣賞，同時還認識到我們經常會以犧牲當下為代價去實現未來的雄心壯志。下面一則經典的儒家故事便有明顯的道家思想傾向。

　　　　子路、曾晢、冉有、公西華侍坐。子曰：「以吾一日長乎爾，
　　　　毋吾以也。居則曰：『不吾知也！』如或知爾，則何以哉？」
　　　　子路率爾而對曰：「千乘之國，攝乎大國之間，加之以師旅，
　　　　因之以饑饉；由也為之，比及三年，可使有勇，且知方也。」
　　　　夫子哂之。
　　　　「求，爾何如？」
　　　　對曰：「方六七十，如五六十，求也為之，比及三年，可使足
　　　　民。如其禮樂，以俟君子。」
　　　　「赤，爾何如？」
　　　　對曰：「非曰能之，願學焉。宗廟之事，如會同，端章甫，願
　　　　為小相焉。」
　　　　「點，爾何如？」
　　　　鼓瑟希，鏗爾，舍瑟而作，對曰：「異乎三子者之撰。」
　　　　子曰：「何傷乎？亦各言其志也。」曰：「莫春者，春服既成，
　　　　冠者五六人，童子六七人，浴乎沂，風乎舞雩，詠而歸。」

1　列子著，梁小鵬、李建國譯：《列子》（北京市：中華書局，2005年）

夫子喟然歎曰：「吾與點也。」²

　　過程比目的更加美麗。許多現代女孩都夢想成為公主，但更美好的是實現目標的過程。戴安娜王妃是世界上最悲慘的人之一，因為她沒有經歷任何過程就實現了目標。婚姻堪稱戴安娜一生榮耀的巔峰。此後，她便傾其餘生，為自己一蹴而就成為王妃支付著高昂的代價。大多數買彩票中獎的人，他們的生活都充滿了失望，因為他們沒有享受過一步步通過奮鬥變富有的過程。富有並不是件壞事，但前提是要先辛勤工作再變得富有。雨後的彩虹比金子更美麗。

　　彩虹色彩繽紛，它超現實的美無物可及。人們在雨後清新的空氣中欣賞它，而且沒有人愚蠢地想擁有它。這正是彩虹之美。想擁有美就會破壞美。

　　如果你想要實現任何目標，就必須從頭開始。不管你有何等的雄心壯志，高塔永遠不可能從塔頂開始修建。我想我們80%的精力都花在錯誤的方向上，所以在前進之前好好想想，有時選擇正確的方向比努力工作更重要。就像中國俗語裡說的：「不能光低頭拉車而不抬頭看路。」

　　《戰國策》已有兩千多年歷史，裡面記載著這樣一則故事：

　　　魏王欲攻邯鄲。季梁聞之，中道而反，衣焦不申，頭塵不去，
　　　往見王曰：「今者臣來，見人於大行。方北面而持其駕，告臣
　　　曰：『我欲之楚。』臣曰：『君之楚，將奚為北面？』曰：『吾
　　　馬良。』臣曰：『馬雖良，此非楚之路也。』曰：『吾用多。』

2　Confucius, *Analects*. trans. Arthur Waley (Hertfordshire: Wordsworth Editions Limited, 1996).

臣曰：『用雖多，此非楚之路也。』曰：『吾禦者善。』
此數者愈善，而離楚愈遠耳！……」

　　從這裡我們能看出，如果方向是錯誤的，不管多努力都沒用。司機很努力地工作而乘客還是離目的地越來越遠。如果方向是正確的，只需自然地努力，或者說「無為」，車輛仍會朝目的地前行。無為不是一種懶散，而是靜靜地沉思、冥想，樹立正確的方向。世界應該認識到，與一味埋頭苦幹的行動派相比，悠然果斷的決策者更加值得尊敬。讓我們不要再去打擾這些思想家，也許他們正是方向的指引者。

　　老子曾說「民之從事，常于幾成而敗之。」（《道德經》第六十四章）也就是說，人們往往在快要成功的時候跌倒。因為成功在即，他們可能變得更加自負、驕傲、粗心，而最終選擇了錯誤的方向。這就是為什麼「無為」如此重要的原因。當你不知道該做些什麼時，那就什麼都別做，讓你的頭腦充分輕鬆一下吧。頭腦的力量要比你想像的強大很多。稍作休息，順其自然吧！

　　另外，要記住過程比目的更加美麗。最危險的事不是你沒能握住劍，而是你擁有它之後，要麼毀壞它，要麼發現你其實並不喜歡它。孤獨的思想家，受人尊敬的沉思者，也許她能為世界指明方向甚至用它來搞破壞。實現目標的時候就是最危險的時候，因為你可能會浪費甚至濫用自己努力多年才取得的成就。

第二五章
飛翔

　　自古以來，飛翔一直是人類共同的夢想，所以神話裡出現了很多會飛的神秘生物，比如龍。這種信仰已經在中國大地盛行了數千年，並通過歷史、文學、神話、民俗、社會、心理、藝術等再現了一定的真實感。幾乎沒有任何象徵物能像龍那樣徹底貫穿中國文明。在龍豐富的象徵意義中，有一種甚為典型——它代表從世界的枷鎖中掙脫而出的一種強大的力量，禦風而行，直升蒼穹。它飛舞在空中，穿過天穹，掠過海洋，毫不費力地乘風呼嘯，消逝於雲霧中。

　　道家認為，得道之人擁有高尚崇高的精神，因而像巨龍一樣翱翔騰飛。據《史記》的記載，孔子曾說：「鳥，吾知其能飛；魚，吾知其能遊；獸，吾知其能走。走者可以為罔，遊者可以為綸，飛者可以為矰。至於龍，吾不能知其乘風雲而上天。吾今日見老子，其猶龍邪！」在這裡孔子讚歎老子無為的優雅，認為老子什麼都沒做卻什麼都做了。

　　現代人真的能飛了。1922 年，小約翰・吉列斯比・麥基（John Gillespie Magee）出生於中國上海，他的母親是英國人，而他的父親是具有蘇格蘭和愛爾蘭血統的美國人。他夢想著成為一名飛行員，與德國納粹對抗，但那時美國還沒有捲入第二次世界大戰。作為一名美國公民，他不能合法地參加戰鬥。後來他加入加拿大皇家空軍接受飛行訓練。同年，他便被派往英格蘭去跟德國空軍作戰。不久，約翰就晉升為空軍少尉。1941 年 9 月 3 日，他駕駛著一架新型噴火五型戰鬥機（Spitfire V）試飛。飛到 3 萬英尺的高度時，約翰突然迸發靈

感。在降落後不久，便寫了一封信給他的父母。在信中，約翰寫道：
「隨信附上我那天寫的詩，是我飛到 3 萬英尺高的時候想到的，在
我著陸後不久就寫了下來。」約翰在信的後面，草草寫下他的詩：

> 展翅高飛
> 啊！我已掙脫地球的桎梏
> 伸展銀色響翼在空中飛舞；
> 我朝著太陽爬升，加入陽光劈開的雲層
> 發出的歡樂笑聲—千成百上千種風情
> 諒你做夢也無法想像—盤旋，滑翔，搖擺，
> 高飛于陽光普照的寧靜中。
> 在那兒徘徊、
> 我緊追咆哮的風，駕駛飛機
> 穿過沒有地基的空氣大廳……
>
> 向上，向上，飛向狂喜的，熾烈的藍色長天
> 我已輕鬆自如地到達風捲殘雲的高點。
> 那兒從未有雲雀，甚至老鷹也蹤影不見—
> 心懷向上的渴望，
> 我已踏進
> 高高的神聖不可侵犯的空間。
> 伸出我的手，
> 觸摸到上帝的臉。

　　僅僅三個月後，於 1941 年 12 月 11 日，就在美國加入戰爭三天
后，麥基死於一場空中事故。有位農夫證實說，他看到了一架噴火式

戰鬥機的飛行員努力推開了飛機頂蓋。農夫說，飛行員最後站起來從飛機跳下。麥基，一位飛行員兼詩人，因墜落時離地面太近沒能打開降落傘而死亡，年僅 19 歲。

年輕的小約翰・麥基在短短一生中似乎完成了所有「我們未曾夢想過的事情」。他騰空而上，飛到了「熾烈的藍色長天……那兒從未有過雲雀，甚至老鷹也蹤影不見」。他體驗了極限的狂喜。詩人在這裡無不為，但他的無不為卻是自由的，他「輕鬆自在地到達風捲殘雲的高點」。麥基什麼都沒做，他只是在空中解放自己而英勇無畏地飛上了如此的高度，似一條巨龍優雅地直達蒼穹。

「掙脫地球的桎梏」（the surly bonds of earth）一直是道家的夢想。莊子認為，無為是指道家聖人或「完人」的一種態度。「他不是真的什麼都不做，而是做順其自然而明確的事。在一種理想的境界內，完人往往會看似漫無目的地放鬆、漫步和閒遊，實際上是通過「無為」而實現有為。他像鳥一樣飛翔，像雲一樣漂浮，像魚一樣遊蕩，像小溪一樣蜿蜒而行，像春天的花朵一樣綻放生命，也如秋葉一般落入泥土，化作塵埃。就像飛行員約翰，他駕著飛機以一種寧靜而崇高的心態「穿過沒有地基的空氣大廳」。

無為關乎自由人的「心靈遨遊」的品質。他克服了日常生活的自我約束，從而可獲得對事物的完整體驗。麥基就像莊子所說的聖人，他「伸展銀色響翼在空中飛舞」並「觸摸到上帝的臉」。他在三萬英尺的高空中，既「無為」——什麼都不做，也「無不為」——做了一切。

第一艘火箭是中國人發明的。中國人先發明了火藥，並把它灌入竹管製造出鞭炮。相傳，世界上第一位發明火箭的科學家叫萬戶，他是中國明朝時期的官員。五百年前，萬戶把兩個大風箏和 47 個鞭炮綁在一把椅子上，設計出「飛龍」。他讓 47 名僕人在同一時間內用火

把點燃鞭炮，接著是一陣震耳欲聾的響聲，頓時濃煙四起。當煙消雲散後，萬戶已消失在人們的眼前。

我們不知道發明火箭的萬戶是想逃離這個世界的道家信徒，還是想發明新式交通工具服務於國家的儒教信徒。我比較相信他是道家信徒，因為他有頑皮的想像力和飛向至高虛無境界的強烈欲望。他是否在蔚藍的天空中被炸得粉碎？答案早已消失在時間的迷霧中。

根據道家學說，通過想像可以完成飛行。高尚的靈魂也能讓我們逃脫地球的束縛而騰飛上天。莊子曾為我們講述了一個故事。

　　天根游于殷陽，至蓼水之上，適遭無名人而問焉，曰：「請問為天下。」無名人曰：「去！汝鄙人也，何問之不豫也！予方將與造物者為人，厭則又乘夫莽眇之鳥，以出六極之外，而遊無何有之鄉，以處壙埌之野。」

第二六章
無為於世

　　不是所有人都能像飛行員小約翰・麥基那樣在高空中體驗人間至樂，但是每一個人都註定擁有相同的結局——死亡。我們應該懼怕死亡或者最終要到達的那個「未知的國度」嗎？數千年來，許多聖人和哲學家一直不停地探索我們死後到那個世界會做些什麼。這裡有位無名人士知道我們在那裡要做的就是：什麼都不做，而她對此渴望至極。

　　　致倦婦：
　　　此處有一女長眠，她曾經勞苦連連，
　　　終日在家忙碌，從未有人幫助。
　　　留下最終遺言：「親愛的朋友們，我即將乘風歸去，
　　　去往那無需做飯、洗衣、縫補的仙境，
　　　如此種種正是我的夙願。
　　　此處不需吃飯，故無洗濯盤碗之苦。
　　　頌歌悠揚，餘音繞梁，
　　　我已無聲，唯有欣賞。
　　　從今而後，切切不要為我悲傷，
　　　我將生生世世免受勞作之苦！

　　　　　　　　　　　　　　　　　　——無名氏

　　這位深感疲憊的主婦很有幽默感，與此同時，也很悲觀。她耗盡

一生不假人手地忙於做飯、洗刷和縫縫補補。現在她很渴望去那個永遠什麼都不用做的世界，這樣就可以擺脫所有的擔憂和雜務。她這一生過於操勞。她乞求朋友們不要為她的離世而哀悼，相反，他們應該為這位操勞一生的主婦熱烈地鼓掌。拜倫勳爵說：「女人尤愛報復清算。」這位疲憊的主婦很高興能離開人世去另外一個什麼都不用做的世界，從而報復了這個要求她做一切事情的世界和家庭。

人生只有短短幾十年，而死卻是永恆的。無怪乎死相對於生看似更加寧靜、更加真實，也更加有趣。生之前是死，生之後也是死。我們可以通過讓生命順應自然之道而獲得那無限世界中的寧靜。只有那些順應自然的人才能贏得世界，只有那些敢於讓生命與宇宙同行、敢於在生活中「無為」的人才能贏得生命。其實，這個疲憊的主婦並非只有離世才能尋求那種她想要的平靜，這一切在人世間就可以完成，而不需要到死後的世界。即使她放輕鬆點，天也不會塌下來。

無為是一種行為，它源於人類將自己與世界緊密相連的意識。要實現無為並不需要靠孤立意識，而是靠隨意的、順其自然的生活藝術，無論是飛行員還是家庭主婦都能做到。通過認識這一原則並把它應用到日常生活中，無論是幹累人繁瑣的家務還是伸展銀色響翼在空中飛舞，我們都可以有意識地成為生命之流的一部分。無為不是一種消極的行為，也不是惰性和懶散。相反它是一種飄在風中、游在水裡的體驗。

無為有一定的要求，最為關鍵的就是有意識地讓自己融入生活的整體中。老子和莊子告誡我們要安靜，要機警，在傾聽自己內心世界的同時，也要關注大自然的聲音。通過這樣的方法，我們不僅讓我們的心靈收集和評估資訊，還應培養並相信自己的直覺，讓它與道相連。我們需要依靠身體的全部機能，而不只是依靠大腦的智慧。這一切都使我們準備好應對環境之美，當然環境也包括我們自己。從某種

程度上說，無為的作用是促進和諧與平衡。在她的認知裡，疲憊的主婦同樣也可以像飛行員麥基那樣快樂。她不需要等到去死後的世界，在人世間也一樣可以無為而無不為。

第二七章
散步

　　我第一次來到卡爾頓學院的時候，信步遊走到學院的貝爾足球場。像很多中國人會做的一樣，我開始繞著這個球場一圈一圈地散步。我發現有兩名學生坐在附近山坡上一直在看著我。最後，他們走到我跟前，友好地問道：「您需要幫助嗎？」從他們困惑的表情中，我讀到了另外一層隱含的意思：「你是不是出了什麼大問題？」

　　「謝謝，」我回答說，「我只是在散步。」

　　事實上，英語中沒有完全對等的詞語能準確地表達出漢語「散步」的意思。散步：隨便走走，步伐輕鬆散漫。後來我才知道，在英語中，walking 是有明確目的地的行為。漫無目的地繞圈圈，在他們看來有點瘋狂，或者有點浪費時間。但是，漫無目的地散步對於你的大腦、身體或者靈魂來講都是最好的治癒方法。這樣實際上就是在效仿宇宙運行的基本規律：衛星繞著行星轉，行星繞著恒星轉。地球上，單向行走很正常，是「地球上的動物」所特有的行為，但是對於宇宙來說就不正常了，宇宙中的群星都是轉圈的。如果我們像宇宙一樣運行，我們就做到了愛因斯坦所說的：「人最好還是要考慮永恆，因為永恆可以為人類世界帶來祥和與寧靜。」

　　老子曾說：「善行無轍跡。」（《道德經》第二十七章）善於行走的人，浮游於空氣中，形和神都不會留下痕跡。我相信如果你行走時憂心忡忡，心結凝重，無形的焦慮就會在你身後蔓延，傳染給旁人。遺憾的是，在這個世界上苦惱的心靈留下了遍地痕跡，就像高峰期被堵塞的高速公路上滿是鬱悶的司機一樣。

行走時我們做著很多事情——太多了。我們有目的地，有方向，甚或帶著任務。我們太專注於目標而忽視了過程——這個過程多麼快樂，多麼美好啊。我們不允許自己停頓，去呼吸新鮮的空氣，去仰望藍天或者讓心靈重返平靜。事實上，我們無法單純地散步，我們只能去某個地方：去購物，去上班，或者去出差。然而，我們應該重新學習只是散步，而不去任何地方。我把它叫做「冥想式散步」。當你在練習冥想式散步時，邁出的每一步都會把你喚回到此時此刻，每一步都能使你與永恆相聯繫，為你的身體與心靈創建一個「連結」。

冥想式散步會把你帶回到現在，解開你的心結，讓負能量變成正能量。這樣看起來你哪裡也不去，其實你要回到此時此地。你正在經歷一個沒有目標的過程，為而無獲。這就是沒有目的地的散步。

漫無目的地游泳是美麗而優雅的，幾乎就像飛行一樣。老子說：「上善若水。水善利萬物而不爭，處眾人之所惡，故幾於道。」游泳時，你離道最相近，你是王，統治著大片水域，包括你身體之外的水和你體內的水。練習冥想式游泳是把你和外界的水聯繫起來，使你重獲平靜與和諧。不要數著已經游了幾圈，也不要記時間，即使別人以為你瘋了並一直注視著你，你也不要擔心。此時，你正在所屬的水域裡為自己創建一種和諧。

無為不僅能幫助你保持寧靜和健康，也能使你欣然贏得道之涵義。

鷹的飛翔，就是動和靜的完美結合。如果我們知道在繁重的行為中如何放鬆，就可以像雲彩縈繞於山間，像河水流入海洋，像天鵝飛向天際那樣，輕鬆自如。

在大學時，我曾是短跑冠軍，以 11.2 秒的成績，贏得了百米冠軍並打破了學校的紀錄。我的秘訣就是無為而無不為。自我訓練的時候，我翻閱了所有能找到的跟短跑有關的書籍，其中使我印象最深刻的一本書是這麼寫的：開跑以後要放鬆你的身體。賽跑者以極快的速度起跑，然

後在隨後的幾步中放鬆身體（特別是肩膀和脖子）並充分利用這股衝勁。這裡，我發現了成功的秘訣，在這緊張的 11 秒中我學會了讓自己放鬆「幾厘秒鐘」，起跑以後我甚至對自己大喊「放鬆」，讓直線奔跑變成浮游。在這十一秒鐘裡，風在我耳邊呼嘯而過，終點在即，當我盡力去放鬆自己時，我有一種感覺，即對手都在往後退。當朋友們恭喜我拿下冠軍時，我會用中國式的謙虛說法回答：「沒什麼。」這話其實不是謙虛，無為才是制勝法寶。

第二八章
太極拳：無為

　　太極拳是一種中國武術。它結合了自我防衛的治癒式冥想和吐納控制。這裡的「拳」即赤手空拳，強調這套武術不使用武器或工具。太極拳是太極最常見的表現形式。數以百萬計的人都在練太極拳鍛煉身體，實現減壓或放鬆。緩慢、不激進且柔和的運動能激發能量或氣的流動，獲得健康和長壽。通過練習太極，人的身體和心靈合一，許多人進入一種無為的狀態。太極即「至極」的意思，是極點，極限的終點。太極一詞初見于《易經》：「易有太極，是生兩儀，兩儀生四象，四象生八卦。」道超越了太極，當你到達極限的終點，你便要返回來，即物極必反。

　　太極的符號為互相纏繞的陰陽兩魚，它們形成了一個黑白相交的圓。在這已有數千年歷史的神秘圓圈裡，沒有開始也沒有結束；沒有定義，沒有目的，也無意進行任何展示。

　　太極的運動是無為，即什麼也不做，因為打太極是一種勻速運動。根據牛頓定律，勻速運動相當於靜止狀態。牛頓第一運動定律（也被稱為慣性定律）指出，任何一個物體在不受任何外力的情況下，總保持勻速直線運動或靜止狀態。地球上的日常環境中沒有勻速運動，物體放慢速度是因為他們受摩擦力的影響從而被迫改變速度。太極沒有摩擦，沒有阻礙，我們將繼續做勻速運動。

　　當我們做勻速運動時，就相當於處在一種靜止狀態，我們也就跟恒星和行星一樣無為了！地球由於有空氣和水，所以沒有任何勻速運動，但宇宙中的星體周而復始地勻速運動著。太極拳是對宇宙中勻速

運動的模仿，從而超越地球使我們和宇宙的基本運動遙相呼應。

　　知道基本的拳法並不意味著你已理解了太極。總是有一些方面需要提升，把這看作是終生旅程的開始吧，瞭解了形式只能算作開始。

　　在太極中，態度是很重要的。不要讓你的思想開小差，感覺你在宇宙中的方位並記住以下事項：

- 為了真正掌握太極拳，須首先把握正確的動作要領，並做到收發自如。
- 身體中正，垂直於地面。除動作要求外，不可歪斜搖擺。
- 雙腿微曲，儘量保持身架壓低的松沉狀態。
- 雙臂外掤，切勿內塌。
- 微曲的雙腿和外掤的手臂間應呈中空狀。
- 動作銜接應如行雲流水般連綿不斷，將起承開合與招式融為一體。最重要的是，動作要快慢均勻。想像地球正在宇宙中旋轉。如果恐怖分子能夠加快或減慢地球的自轉速度，整個世界將不再存在。地球在運轉，但我們又感覺不到它在運動。由於地球是在勻速運轉，所以我們也可視其為相對靜止。打太極也應儘量效仿地球的運轉模式。
- 保持周身輕靈！活即生，僵即死。舌頭靈活，牙齒僵硬。誰會先掉下來？
- 身體應自然舒展。人們在感到焦慮時才會收縮身體，以此保護自己免受外界的侵害，但要獲得自然意識，我們就應徹底放鬆並舒展身體。

　　太極不應是一場表演。表演往往會為了追求娛樂性而犧牲正確的行拳方式。從小孩算起，人人都知道表演的時候會有觀眾在一旁欣

賞。而一旦有觀眾，你就不得不去展示自己。在展示自己的過程中，你勢必要拘泥於常態。如果要符合常態，你的一招一式就必須按照正常的速度來演練。如果你的行動過於緩慢，別人便會認為你不正常，而你也自然會受到他人看法的左右。練太極時，不應因他人的看法而分散注意力，而應當身心鬆弛，專注于與宇宙建立一種聯繫。這種聯繫一旦建立，你便達到了道法自然的自發狀態，開始「無為」而動。

人們可能會覺得你很奇怪，因為他們沒見過別人這樣運動。在宇宙中，大多數天體一直都以勻速運轉。而我們人類和地球上的其他動物的運動速度都是隨時變化的，這從宇宙的角度來看是極不正常的。打太極拳時，我們勻速運動，是在模仿宇宙真實的正常運動。如果別人認為你很奇怪，那說明你的太極拳打得很好。

如果你有一隻狗，那就在它的面前打太極吧。第一次，狗會狂吠起來。它會被惹惱，因為狗不喜歡異常的運動。在它眼裡，你表現得很不正常，所以你的狗不知道該怎麼辦了！無需擔心你的狗，也無需在意他人的反應，他們已習慣拘泥於地球的常態。太極不是表演，而是一種朝向自然和宇宙的回歸。

通常，我們總是先改變心態，然後肢體語言也隨之改變。但就太極而言，我們則是先調整身體，然後心態也隨之改變。如果心態好，舉止也會跟著優雅。如果我們的身體像行星一樣勻速移動，我們的思想也會跟著改變。

在我的美國課堂上，我虛擬了一位名字叫珍妮的學生。她聰明、有個性。有時她會挑戰我的教學，反駁我教授的內容，或者過分展示她所學會的本領。這個假想的珍妮成了班裡的笑話。每當我說起：「珍妮，不要那樣做，在太極 101 班裡，我們只能在離地面 5 英寸的高度浮動。你還要老師重複多少次？我們的座右銘是跟奧運會的座右銘相反的，他們要更快、更高、更強，而我們要更慢、更低、更

弱。」這時,學生們總會哄堂大笑。

　　練太極時,我們要「更慢」一些,因為靜止是宇宙的本質。地球繞著太陽轉,月亮繞著地球轉,而我們卻察覺不到這些運動。保持靜止,我們便能更接近宇宙的本質。

　　練太極時,我們應該「更低」一些,因為處在低處,我們會離地球更近。

　　我們應該「更弱」一些,因為練太極拳不是為了戰鬥,而是為了和平。過去人們常常需要依靠武力來維持生存,攻擊並置敵於死地。起初,太極也是以技擊為目的的,我們仍然可以從一招一式中看出太極的這個歷史淵源,但現在技擊顯然已不再是太極的主要目的。現在,我們提倡老子所推崇的「弱」,利用我們的力量去修復萬物,而非製造傷口。我們應該像水一樣緩慢、謙卑和柔弱。老子說:

　　　　天下莫柔弱于水,
　　　　而攻堅強者莫之能勝,
　　　　其無以易之。
　　　　弱之勝強,
　　　　柔之勝剛,
　　　　天下莫不知,
　　　　莫能行。
　　　　是以聖人雲,
　　　　受國之垢,是謂社稷主;
　　　　受國不祥,是為天下王。
　　　　正言若反。
　　　　(選自《道德經》第七十八章)

第二九章
太極劍：無不為

　　劍也可用來修習太極，但我們並不想借助劍與他人爭鬥，而只是想與雲彩和山峰共舞。太極劍同太極拳一樣都是平和的運動，但太極劍特有的欣賞價值和表演風格將太極帶向了新的高峰。劍是中國的短兵之王。在戰鬥中，它具有致命的殺傷力。舞劍需要一定的尚武精神和敏捷性，許多愛好和平的人並不崇尚這些。但有意思的是，這種運動的宗旨卻是修身養性、延年益壽和追求和平。就像老子所說，任何事情都會向著它相反的方向發展。

　　在劍柄的最末端有個孔，可以穿上很長的紅色流蘇，來平衡劍的雙刃刀片，從而也形成了陰與陽的結合。儘管劍具有危險性，但是太極劍顯得更加優雅，更具表演性，如同舞蹈般美妙。與勻速運動的太極拳相比，太極劍在連綿不斷的劍術中融入了更多快慢相間的韻律。太極劍的劍鋒，運動方向變幻莫測。如果我們說太極拳是平和地無為，那麼太極劍則是更加引人注目地無不為。

　　我虛構的學生珍妮會說：「等一下！上周您告訴我們在太極中要無目的地漫步。現在您又告訴我們在練太極劍的時候心中要有目標。我們到底要聽從哪一種說法呢？」

　　莊子說，「若夫乘道德而浮游，則不然。無譽無訾，一龍一蛇，與時俱化，而不肯去為；一上一下，以和為量。」

　　我是這樣回答珍妮的：你們，我的徒弟們，應該處在有意與無意之間，有用與無用之間，無為與無不為之間。就本質而言，太極劍和太極拳一樣，都會令我們的心靈和身體達到和諧。太極劍是表演者身

體的延伸，關鍵在於通過劍端來擴展我們的心靈。能量從地下引入雙足，貫穿全身，流經軀幹，直達劍尖。太極劍大師常說，應以腰帶劍，而不可以臂領勁。如果初學者以手帶劍或者未達到身手合一的境界，說明他們並不理解太極的原理。整個身體應該保持舒展流暢。當長劍在空中飛旋，舞劍者仿佛隨劍而飛，雙足似乎被劍牽引離地，足足有三英寸的距離。飄然欲仙的舞劍者如同觸及天穹，撫摸到了上蒼的面容，對方究竟是上帝還是大自然，此時已不再重要。

　　未持劍的那只手應食指和中指自然伸直併攏，拇指扣在彎下的無名指和小指上，成所謂「蘭花指」。有些人稱這只手為「秘密之劍」或者「劍之護身符」。兩個伸直的手指積極地配合著那只握劍的手。它們指向劍的去向，將能量與注意力注入意念所及的方向，或者它們故意指向其他方向來轉移假想敵的注意力。因此，劍端、流蘇端以及指尖形成球體的三個點，在身體周圍各個方向環繞，從而平衡能量。如果一位大師以輕靈的身體站在三點之內，足尖佇立，不斷變化著自己的姿勢，便仿佛構成了一副異常優美的圖畫。一個新的空間，一片神奇的領域將就此產生。這是對一切潛能、勇氣與傾其所能的頌揚。

　　莊子曾對劍術有一段高論：

　　　　「天子（即皇帝）之劍……制以五行，論以刑德；開以陰陽，
　　　　持以春秋，行以秋冬。此劍，直之無前，舉之無上，案之無
　　　　下，運之無旁，上覺浮雲，下絕地紀。此劍一用，匡諸侯，天
　　　　下服矣。……」
　　　　「諸侯之劍，以知勇士為鋒，以清廉士為鍔，以賢良士為脊，
　　　　以忠聖士為鐔，以豪傑士為夾，此劍，直之亦無前，舉之亦無
　　　　上，案之亦無下，運之亦無旁……此劍一用，如雷霆之震也，
　　　　四封之內，無不賓服而聽從君命者矣。

「庶人之劍，蓬頭突鬢垂冠，曼胡之纓，短後無衣，瞋目而語難。相擊於前，上斬頸領，下絕肝肺，此庶人之劍，無異於鬥雞，一旦命已絕矣，無所用於國事。……[1]

　　我們不擾亂自然秩序，也不留下任何沒有完成的任務。「庶人」會有所行動，但是他只會為了心中不值一提的目標而行動。我們手持天子之劍的時候，行動是最有效的，因為這些行動與宇宙的流動相和諧。

　　我尊敬你，因為你活著，每天都有一場鬥爭。但是你可以停留一會兒，聞聞花香，因為人生苦短。我們與人交流應用友善的話語，而非利劍。友善一些吧，你在旅途中遇上的每個人都要經歷一場艱苦的戰役。

　　　　這個世界上沒有膽小鬼的立錐之地。我們都必須準備好以不同的方式辛勞、受苦和死亡。你的戰鬥依然是莊嚴的，因為在你進出於生活的戰場時沒有人會為你打鼓助威；不論你是從生活的戰場上凱旋還是落敗而回，也不會有人歡呼雀躍或大聲唾罵。

　　　　——羅伯特‧路易士‧史蒂文生（Robert Louis Stevenson）

　　太極拳和太極劍的不同體現了無為與無不為的區別。太極拳舞動著，不論發生任何事情，都讓你的心靈自由。這就是無為或者什麼都不做。屈服就是運用了太極之道。即使是一個很小的動作，也蘊含了

---

[1] Zhuangzi, *The Inner Chapters*, trans. A. C. Graham (Indianapolis: Hackett Publishing Company, Inc., 2001), 246.

深奧的道理。不要著急，不要擔心，你來這裡只是作一次短暫的旅
行。你不可能今天就完成一個偉大的使命，你得停下來，隨著宇宙萬
物一起運動。

練太極劍，需要你站在中間去完成你的劍試圖想完成的任何事
情。這就是無不為或者做每一件事。所有美好的事情都在你身邊：新
鮮的空氣與你親密接觸，藍天高高在上，你甚至可以抬起頭來觀賞浩
瀚的星空。你的劍雖然無法觸碰到它們，但是它們的美麗卻可與你共
存。你可以把微小的事物放大，與宇宙一起浮游。

對立統一規律是宇宙的基本規律。對立的事物也會相得益彰。因
此，太極拳和太極劍就像玉晶石的兩面一樣，相輔相成。

第三○章
幸福

　　幸福是內在的，不在於我們擁有什麼，而在於我們是什麼；不在於我們得到了什麼，而在於我們經歷了什麼。看見彩虹的時候，我們心情激動，但是我們卻不想去擁有它。我們當中的大多數人甚至不會想到去尋找它的終點，發現什麼寶藏。我們用不著那樣做，因為我們看見了美麗的光芒背襯著白雲，那對我們來說已經足夠幸福了。我們不會對它做什麼，只是讓它在我們心中盡情地閃耀，而不曾試圖去擁有它。

　　漢代的劉安寫過一個塞翁失馬的故事：

> 　近塞上之人，有善術者。馬無故亡而入胡。人皆弔之。其父曰：「此何遽不為福乎？」居數月，其馬將胡駿馬而歸。人皆賀之。其父曰：「此何遽不能為禍乎？」
>
> 　家富良馬，其子好騎，墮而折其髀。人皆弔之，其父曰：「此何遽不為福乎？」
>
> 　居一年，胡人大入塞，丁壯者引弦而戰。近塞之人，死者十九。此獨以跛之故，父子相保。

　　這個兩千年以來一直在流傳的故事，現在已經成為中國的成語，叫做「塞翁失馬，焉知非福」。它提醒我們，幸事可以轉化成禍事，禍事同樣也可以轉化為幸事，這兩者之間的轉變沒有終結，其間的秘密也不可預測。我們的幸福不依賴於我們的所得，像馬和金錢一樣得

失無常。要想幸福快樂，我們必須明白物質的得與失就只像瞬息萬變的河流，有飛濺，有漲落，但是我們應該記住一個世人皆知的簡單習語：「轉瞬即逝」。

老子說：「禍兮福之所倚，福兮禍之所伏。」（《道德經》第五十八章）汪洋大海讓我們漂流如筏，流淌的河水推我們前行，仿佛我們是艘隨波逐流的小船，但是我們不會去要求海洋停止潮漲潮落，也不會去要求河流放慢它的速度。我們只是與它們一道，共同去暢享現有的幸福和自由。我們讓水載著舟去開始新的探險，因此，面對真正的狂喜時，我們會停止做所有事情，甚至為之屏息。

詩歌記載了人生最幸福的時刻。詩人看到身邊的美麗，想把這些美麗按韻律節拍記錄下來，與眼前的美景相呼應。詩歌對於所有文化都很重要，三千年來，它一直是中國文化的中心。古代中國的官員都是詩人，因為他們具有文學才華，通過了創作散文和詩歌的科舉考試，才踏入官場。中國是被詩人統治的國家，這些詩人有許多是道家學者——他們或是終身信仰，或是階段性信仰；或是真道士，或是偽道士。他們深入觀察自然，並借助自然現象詮釋生命，以此緩解政治、社會和經濟壓力。

李白（西元 701 年至西元 762 年）是中國最著名的道家詩人之一，以灑脫的生活方式而聞名。大多數人都認為他是中國最好的詩人，因為面對壯麗的大自然，他對生活有著無拘無束且樂觀豁達的理解，李白詩歌的魅力來自於他對生活與自然自發的享受。

　　《山中問答》
　　問余何意棲碧山，
　　笑而不答心自閑。

桃花流水窅然去，

別有天地非人間。

　　《月下獨酌》

　花間一壺酒，獨酌無相親。

　舉杯邀明月，對影成三人。

　月既不解飲，影徒隨我身。

　暫伴月將影，行樂須及春。

　我歌月徘徊，我舞影零亂。

　醒時相交歡，醉後各分散。

　永結無情遊，相期邈雲漢。

　　第一首詩歌描述了中國傳統文化中道家隱士的理想生活。在山中，他找到了幸福，盡情享受。「enjoying oneself」是個非常絕妙的英語片語，在許多語言中都沒有，包括中文。雖然「enjoying oneself」的意思是快樂並且要樂在其中，但它的字面意思卻是享受自己或在自己身上尋找幸福。在日常生活中，許多人都成了自己的負擔。他們總要做點什麼才能找到快樂，如工作、運動、打牌、賭博、吸煙。道家學者則尋找一種能夠自己作樂的方式，他們可以獨自一人享受快樂，如果在自然中找到同類，他們也會感到高興。他們不是自己的負擔。

　　第二首詩中，中國最偉大的詩人李白孤獨又寂寞，但是他微妙地將寂寞轉變為陶醉，與花、月光以及他周圍的陰影融合到一起。運用社會生活的詞語，如「夥伴」和「友誼」，他與自然之間建立了一種令人愉悅的相互信任的關係，同時也解放了他自己，不再想著從其他人身上尋找快樂。

　　李白在自然中得到了自由。就像莊子在他的哲學故事中陶醉一

樣，李白在他的詩歌中也體驗到了陶醉。他們都找到了屬於自己的幸福，擺脫了社會的束縛。他們在自然界看到的尊嚴和自尊，只有與他們有過同樣感受的人們才能理解和明白。李白就像莊子所描述的魚：

> 莊子與惠子游于濠梁之上。莊子曰：「鰷魚出遊從容，是魚之樂也。」惠子曰：「子非魚，安知魚之樂？」莊子曰：「子非我，安知我不知魚之樂？」惠子曰：「我非子，固不知子矣；子固非魚也，子之不知魚之樂，全矣。」莊子曰：「請循其本。子曰『汝安知魚樂』雲者，既已知吾知之而問我。我知之濠上也。」

魚兒之所以滿足，是因為它們正在做它們應該做的事。它們游來游去，時而冒個水泡，從來沒有想過變成其他事物。李白和月亮、馬兒和草地、魚和水都到達了幸福的境界。他們不需要其他人的認可，因此它們不會受到公眾輿論的困擾。幸福是內在的，物質享受和公眾崇拜都是外來的。內在的幸福總是超越表面膚淺的享樂。

內在的幸福需要平靜的個人環境將我們從日常生活中產生的焦慮中解放出來。焦慮對生存是非常重要的，但只應一閃而過。時間長了，焦慮就會破壞人內心的健康和社會的和諧。平靜提升了智慧，提高了寬容度，也促進了健康。安靜地享受使我們變得強大，也讓我們為世界做出貢獻。當我們害怕、生氣或者沮喪的時候，我們會縮回無形的殼中，但是同時，又給身邊的人帶來了「烏雲」。中國有句話說，一人向隅，滿坐不樂。（漢・劉向：「今有滿堂飲酒者，有一人獨索然向隅而泣，則一堂之人皆不樂矣。」）——一個坐在角落裡悲傷的人能使得屋中的所有人都感覺到不愉快。相反，一個心情歡暢的人能傳播花兒的芳香、彩虹的倩影和內心的平靜，從而感染身邊的人。

　　社會由許多個體組成，每一個個體都應對團體的狀態負責。幾百
年來，哲學家一直在談論為社會犧牲自我的利他主義。作為新道家，
我們贊同這種無私的觀點，同時，我要強調的是，個體的情緒決定了
整個世界的集體心態。心情不高興的人掌握政權是非常危險的，因為
他可能會讓整個世界面臨痛苦。歷史一次又一次地印證了這一點。就
像那些掌握權力的人一樣，我們每個人都可能會影響一群人。如果你
幸福又健康，你將會給世界的海洋帶來一滴幸福和健康。有時，你覺
得只讓自己快樂並沒有為整個人類做出什麼貢獻，但是事實上，你所
做的一切都會為人類帶來和諧。你愉悅的心態將會為世界的彩虹添
彩。這種無為同樣也是一種無不為。

　　快樂是自然的。如果讓心靈無為，你會覺得快樂。歐洲和美國的
文化是「贖罪」文化，接受這種文化薰陶的人們會害怕無形之手的懲
罰。甩掉無形的力量施加給你的罪惡感吧，你是無限的，沒有你實現
不了的快樂與幸福。中國的文化是「恥辱」文化，被中國文化薰陶的
人們害怕丟臉。拋開有形的社會強加於你的恥辱觀吧，在生活中，悲
傷是可以轉變成幸福的。

第三一章
無悔

致虛極，

守靜篤，

萬物並作，吾以觀複。

夫物芸芸，各複歸其根。

歸根曰靜，是謂覆命。

（選自《道德經》第十六章）

　　不要後悔，因為世上發生的事不都是你的責任，你和你的家庭所遭遇的事情也不全是你的責任。你只是海洋裡的一滴水，你的作用要取決於比你大上萬億倍的主體的運動。最令你感到欣慰的應該是你發現自己不是神。沒有人會說自己是神，但許多人認為自己跟神一樣有能力控制周圍的每件事。因此，當事情不像他們所設想的那樣發生，他們就會感到遺憾、懊悔。

　　每天晚上，你脫下襪子的同時，也請把所有的問題和襪子一起扔到地板上。不要怕，你的襪子不會丟，第二天早上重新穿上襪子時，你的世界也會回來。一天結束了，你就像一艘到港的船，像聆聽潮汐夜曲的海鷗，你就像飄落在地上的秋葉，如同思鄉的遊子回到故里。當你進入無為的幸福世界時，請你保持安靜，也保持平靜。你必須放下每件事，每個人，每一種擔心。老子說：「致虛極，守靜篤；萬物並作，吾以觀複。」（《道德經》第十六章）睡覺時，你就會進入空虛，平靜而安寧。

　　世上最珍貴的東西就是生命——我們只擁有一次。人在去世時應當可以這樣說：「對於這種離去我一點都不陌生，因為過去我每個晚上都是這麼做的，上床睡覺之前放下一切事情。我曾有為，而現在我要無為。我這一生無怨無悔，現在同樣也不後悔。」

　　懊悔總是在我們做出種種決定後如影隨形。起初，你的想法就如同春天含苞待放的花朵一般，而一旦做出決策，雷電便隨之而來。懊悔就如夏季的暴風雨突然來襲，撞擊如此兇猛，雨勢如此之大，浸透了你腦海中的花朵；然後，懊悔變成溫柔的惋惜，就像秋天的細雨，敲打著心靈的表層；直到最後，懊悔如同冬日的白雪，飄落下來癒合你流血的傷口。

　　老子說：「無為，無悔。」行動招致遺憾，因為任何行為第一次發生時都不可能完全正確。想不做錯事，唯一的方法就是什麼都不做。老子的「無為，無悔」反映了他無為而治的思想。在這種情況下，無為不是為了避免遺憾而不做決定，而是像河流一樣不停地「修正」。在英語裡，「correct」作為形容詞來講，意為正確的，沒有錯誤的；而「correct」作為動詞時，意思則是改變某些方面使之變得正確。因此，想要一直正確（correct），人就應該不斷糾正（correct）自己，而不是為過去的錯誤悲傷不已。

　　事實上，這是在行「無不為」之道。走路時，我們向前邁一步，不久就發現方向是錯誤的，我們就得退回來。我們會因第一次邁錯了腳而感到遺憾嗎？不會。我們只是不斷改變兩隻腳的方向使整個身體能順利前行。我們的腳不停地變換方向朝前邁進，做了一切（無不為），我們的身體向前移動，什麼都沒做（無為）。因此，我們不會有遺憾，因為我們的大腦讓那些矛盾順其自然地解決。

　　一切問題遲早都會自行解決，這就是道。不為未來擔憂，不為過去懊悔，讓自己這樣度過這一生吧。嘗試做個無足輕重的人，在這個

過程中，你就會毫無恐懼地做一切事情。看黎明時的雲朵，在旭日的照耀下它們色彩漸淡卻如此安詳，被陽光穿透卻不受一絲干擾。當穿過山脈和峽谷，它們並未因掠過山峰而沾沾自喜，也沒有因跌入深谷而鬱鬱寡歡。它們看似什麼也不做，但實際上，它們做了一切。雲從來不會害怕飄向山頂，也不會因穿過山谷而感到懊悔。這就是無為而無不為的心態：從不喜也從不悲，而是一直靜靜地順勢而為。

看小溪潺流、遊刃有餘地穿過擋在路中間的岩石，清澈的溪水在岩石上汩汩流淌。就像流水中的岩石，障礙能使人生的路程變得更加美麗，所以詹姆斯‧莫里斯‧湯普森（James MauriceThompson）才說：「咕嘟咕嘟，溪水如一首古老的曲調潛入睡夢中。」這就是生活的歷程，從不會因為小小的磕絆而停止其步伐。然而，遇到岩石時，流水會彎曲或分散。就像老子所說，「水善利萬物而不爭，處眾人之所惡，故幾於道。」它總能因勢利導。克服、放棄、無為、無不為，流水無懼無悔地汩汩前進，這就是生命所應有的狀態。有一次，我讓父親在我的筆記本上寫點東西。他這樣寫道：

> 告啟光：寬以待人，寬以待己。過去我爭取寬以待人，嚴以律己。曾曰：我寬以待人，但嚴以律己不夠。今已將八十矣，人生觀可變否？
>
> ——95 年 9 月 12 日，中秋（9 月 9 日）後三天，父字。

我的父親是個很有智慧的人。他是物理學教授也是南開大學的教務長。他花了八十年的時間學習待己待人的方法：我們應該寬厚地對待別人，同時我們應當像對待別人一樣寬待自己。世上沒有完美的事物，所以不管是自己還是別人跌倒時，都應溫和、仁慈地對待扶持。讓我們走自己的路，改變腳的方向，不要管別人說什麼。不斷糾正、

改變，讓生活沒有遺憾，讓宇宙自行其道。讓自己在世界上從容走
過，不內疚、不自責、不後悔、不畏懼、不懷疑、不自尋煩惱。

第三二章
長壽

　　在古今中外所有哲學中，道家最珍視生命。我追隨道家傳統，在美國卡爾頓學院（Carleton College）開了一門課：道家健康與長壽之道。專講道家健康長壽之道，輔以現代科學養生觀念，年年選修人數全校第一。自法蘭西斯・培根以來，理論總要實驗證明。我口說無憑，有長壽實驗為證，美國學生見了無不心悅誠服。

　　家有普通「田園狗」一隻，大名「歡歡」，此類狗一般可以活十二三歲。可是歡歡今年已經 20 多歲。更奇的是，2011 年 8 月我攜帶它乘飛機回中國住了一年多，2012 年 11 月又把它帶回美國。此狗飛越太平洋兩次，至今還健康活蹦亂跳如小狗。人的壽命應該是狗的 7 倍，所以換算成人的壽命歡歡應該是 140 多歲。歡歡活到如此之老不是偶然的，道家健康長壽的神話，正化為科學的事實。下面略舉幾條我以道家養生之理念養歡歡的辦法：

　　少食。狗的祖先為狼，饑餓為狼的生命驅動力，一旦飽食，則僵臥不動。據我觀察，狗日日飽食而臥活不過 10 歲。老子說：「餘食贅形，物或惡之，故有道者不處。」（多吃而臃腫萬物皆厭惡，所以有道者不為也）我以為吃到六成飽，即希臘人所謂「黃金分割」（0.618）之數即可。

　　多素。以素食為主，加少量魚類和各種維生素輔以少量狗糧。莊子主張：「蔬食而遨遊，飄飄如不系之舟。」因為有少量魚肉，狗不會嫌素不吃的。食物中可混入少量橄欖油旨在保護心血管。

　　親水。多飲水。水乃生命之源，老子說，「上善若水。」狗不會

主動多飲水，可在食物裡混入水，但與此相關，一定要多放狗出去方便，一日四五次為佳，讓水在體內大循環。缺水或憋尿都折人或狗之壽。此外還應保持清潔，多洗澡。

多動。老子曰，「動而愈出。」帶狗散步，人狗皆有益，一日兩次以上，共一小時到兩小時均可。

自然。散步以風景佳處、河邊山林為宜。我常帶歡歡在住地附近的草場和密西西比河河畔散步。老子說，「人法地，地法天，天法道，道法自然。」自然是人和動物的恩師、良醫、益友。

交流。狗是群居動物，很怕孤獨，所以出門前回家後可拍拍抱抱。也可跟狗說話，說多了狗自然能聽懂一些，對人也有好處。

狗的基因與人有 95% 相同，所以以上各點均適用於人。兩百年來，人的平均壽命增長了一倍以上，從 40 歲漲到 80 歲左右。大概幾十年以後，生活方式合理、合道、合科學，人的生命可以再增長一倍。所以現在五六十歲的人再堅持幾十年，就有可能活到 150 歲左右。當然，歡歡養生法遠遠不止上述六點。我努力讓歡歡再健康活幾年，成為世界最長壽狗之一。那時候我就對世界說：狗能，你也能。

第三三章
生與死

天長地久。

天地所以能長且久者，

以其不自生，

故能長生。

是以聖人後其身而身先；

外其身而身存。

非以其無私邪？

故能成其私。

（選自《道德經》第七章）

　　為了使自己延年益壽，我們必須融入宇宙。為了融入宇宙，我們必須反思。有些時候，道聽起來像廢話，但是如果我們跳脫窠臼，從另外一個角度去考慮，就會發現它意義重大。

　　世界被分為不同的對立面，任何事情都有兩面性，對立又統一。當一面被否認時，它會逐漸向另一面發展。我們常常需要以退為進，任何事情都需要一個對立面。走路的時候，一隻腳向前移動而另外一隻腳卻向後推。正是向後推的那只腳推著你的身體向前移動。在我們變老的過程中，你後撤得越多，你就會活得越長久。換句話說，不斷後撤，你才得以前進。

　　這個過程應該是自然的、輕鬆的，而不是通過某種外力來實現的。當形式發生變化的時候，它們也會轉化，但是不會改變本身的結

構，就像雲和花一樣。

> 人之生也柔弱，其死也堅強。
> 萬物早木之生也柔脆，其死也枯槁。
> 故堅強者死之徒，柔弱者生之徒。
> 是以兵強則不勝，木強則兵。
> 強大處下，柔弱處上。
>
> （選自《道德經》第七十六章）

　　老子的智慧可以在許多現象中得到印證。每個人都有牙齒和舌頭。哪個更柔軟呢？當然是舌頭。哪個先脫落呢？當然是牙齒。你聽誰說過他的舌頭掉出來嗎？

　　有個著名的伊索寓言故事「橡樹與蘆葦」反映了相同的觀點。一棵非常大的橡樹被大風連根拔起，跨過小溪，倒在蘆葦群裡。橡樹對蘆葦說：「我很好奇，你們這麼輕飄，這麼柔弱，卻沒有被這狂風完全吹垮，你們是怎麼做到的呢？」蘆葦回答道：「你與狂風鬥爭，與之抗衡，最終的結果就是你被摧毀了。而我們恰好相反，即使面對微微的小風，我們也會彎下腰，因此我們才保持完整，倖存於難。」我們讓步，得到了生存。我們讓步越多也就生存得越久。不管怎樣，我們最後還是要面對死亡。

　　生與死哪個更正常？如果生是正常的，為什麼宇宙裡除了地球之外，人類卻沒有在其他星球發現生命？如果死亡真那麼不正常，為什麼整片星空裡沒有生物存在的天體都在閃爍光芒？

　　如果生是正常的，為什麼你只能活到八九十歲，而死亡卻包括了你生前與死後的永恆。

　　毫無生命跡象的火星表面是正常的。它那無水無生命的荒蕪景

象，比地球草木蔥蘢的景色，更能代表宇宙的常態。潮濕的地球表面是不正常的特例。據我們所知，生命沒有液態水是不能存在的，而液態水在宇宙中是罕見的，至今證明只在地球上存在。天文學家費盡九牛二虎之力，不過恍恍惚惚證明了火星上可能「曾經有過水」。因為沒有水，所以其他星球沒有生命。因此，與生相比，死才是宇宙的本質。我們死去的時候，只是回到正常狀態。我們不應該依戀這短暫的不正常狀態——生，而去拒絕死之永恆和宇宙之普遍規律。

貪生怕死的人就像孩童迷了路，回不了家一樣。《列子》記載了關於齊景公的一則故事：

> 齊景公游于牛山，北臨其國城而流涕曰：「美哉國乎！鬱鬱芊芊，若何滂滂去此國而死乎？使古無死者，寡人將去斯而之何？」史孔、梁丘據皆從而泣曰：「臣賴君之賜，疏食惡肉可得而食，駑馬棧車可得而乘也，且猶不欲死，而況吾君乎？」晏子獨笑於旁。公雪涕而顧晏子曰：「寡人今日之游悲，孔與據皆從寡人而泣，子之獨笑，何也？」晏子對曰：「使賢者常守之，則太公、桓公將常守之矣；使有勇者而常守之，則莊公、靈公將常守之矣。數君者將守之，吾君方將被蓑笠，而立乎畎畝之中，唯事之恤，何暇念死乎？則吾君又安得此位而立焉？以其迭處之迭去之，至於君也，而獨為之流涕，是不仁也。見不仁之君，見諂諛之臣。臣見此二者，臣之所為獨竊笑也。」景公慚焉，舉觴自罰；罰二臣者各二觴焉。

齊景公在牛山遊覽，向北觀望他的國都臨淄城而流著眼淚說：「真美啊，我的國都！草木濃密茂盛，我為什麼還要隨著時光的流逝離開這個國都而去死亡呢？假使古代沒有死亡的人，那我將離開此地

到哪裡去呢？」史孔和梁丘據都跟著垂淚說：「我們依靠國君的恩賜，一般的飯菜可以吃得到，一般的車馬可以乘坐，尚且還不想死，又何況我的國君呢！」晏子一個人在旁邊發笑。景公揩幹眼淚面向晏子說：「我今天遊覽覺得悲傷，史孔和梁丘據都跟著我流淚，你卻一個人發笑，為什麼呢？」晏子回答說：「假使賢明的君主能夠長久地擁有自己的國家，那麼太公、桓公就會長久地擁有這個國家了；假使勇敢的君主能夠長久地擁有自己的國家，那麼莊公、靈公就會長久地擁有這個國家了。這麼多君主都將擁有這個國家，那您現在就只能披著蓑衣、戴著斗笠站在田地之中，一心只考慮農活了，哪有閒暇想到死呢？您又怎麼能得到國君的位置而成為國君呢？就是因為他們一個個成為國君，又一個個相繼死去，才輪到了您，您卻偏要為此而流淚，這是不仁義的。我看到了不仁不義的君主，又看到了阿諛奉承的大臣。看到了這兩種人，所以一個人私下發笑。」景公覺得慚愧，舉起杯子自己罰自己喝酒，又罰了史孔、梁丘據各兩杯酒。

莊子曾經講述過一則故事：

> 莊子妻死，惠子吊之，莊子則方箕踞鼓盆而歌。惠子曰：「與人居、長子、老身死，不哭亦足矣，又鼓盆而歌，不亦甚乎！」
> 莊子曰：「不然。是其始死也，我獨何能無概！然察其始而本無生，非徒無生也而本無形，非徒無形也而本無氣。雜乎芒芴之間，變而有氣，氣變而有形，形變而有生，今又變而之死，是相與為春秋冬夏四時行也。人且偃然寢於巨室，而我噭噭然隨而哭之，自以為不通乎命，故止也。」

莊子的妻子死後，惠子去弔唁，莊子卻正叉開腿坐著敲打瓦盆唱

歌。惠子說，「（你的妻子）和你做了一世的夫妻，養大了孩子自己年老過世，人死了你不哭也就罷了，還敲打瓦盆唱歌，不是太過分了嗎！」

莊子說：「不是這樣的。這是她剛剛死了，我難道能不為此而感歎嗎！推究起來，人最初本來就沒有生命，不僅沒有生命而且沒有形體，不僅沒有形體而且沒有元氣，她混雜在無可捉摸之間，變得有元氣，有元氣又變得有形體，有形體然後有生命，現今又變而為死，這就和春夏秋冬四季運行一樣。她將要安然歇息於天地之間了，而我要淒淒惶惶地守著她哭，我認為不合乎常理的（不通達天命的），所以（我）沒有哭哭啼啼。」

莊子的故事蘊含的道理與眾多道家的故事是一致的：死亡是對自然的回歸，回歸到和平與永恆。然而，如果道家弟子認為這樣的「大回歸」很舒心，為什麼他們還如此癡迷於長命與永生？通過煉金術而獲得「靈丹妙藥」以追求長生不老可能是道家在世界上最有名的傳統。如果他們不懼怕死亡，他們為什麼如此費心地去逃避死亡？

你可以停留在山頂，等待日落，但是這並不意味著你害怕回到山谷中的家。真正的道家熱愛生命，但是不懼死亡。他們對永生的追求不是因為恐懼未知的、安靜的死亡之域，而是因為想在熟悉的、生的國度裡多呆一段時間。

我們在這個世界上只作短暫的停留，卻要永遠留在另一個世界。死亡也許非常有趣，因為我們從來沒有體驗過；但是，生命也非常有趣，因為我們一直都在這裡體驗生命，努力地活著。我們要盡可能地享受冒險的過程，讓我們在無為之前先做到無不為。

如果生命是一場夢，就讓我們使它長久甜蜜吧。如果生命是一場遊戲，讓我們使它樂趣橫生吧。如果生命是一次旅行，讓我們停下來，走出去欣賞外面的風景。為什麼要如此匆忙？為什麼總要問「我

們到了沒有？」合理地理解死亡，我們就能夠擁有長壽、健康和無所畏懼的生活。

生與死之間的屏障不是絕對的。確實，我們對死亡一點都不瞭解。一點都不瞭解，我們怎麼知道死了沒有活著好呢？如果我們瞭解死亡，我們就不會因為它而哭泣。我們害怕的不是死亡，而是未知的世界。

晉朝時期（西元 265 年至西元 317 年），道不僅是一種理論，也是許多學者遵循的生活方式，其間有幾位非常有名的學者叫「竹林七賢」。在七個賢人中，劉伶是對世俗事務最不感興趣的。《晉書·列傳十九》載劉伶「身長六尺，容貌甚陋。放情肆志，常以細宇宙齊萬物為心。澹默少言，不妄交遊，與阮籍、嵇康相遇，欣然神解，攜手入林。」初不以家產有無介意。常乘鹿車，攜一壺酒，使人荷鋪而隨之，謂曰：「死便埋我。」劉伶外貌非常醜陋，自由奔放，沉默寡言，不善社交。他的靈魂浮游於宇宙間，與世間萬物融為一體。當他見到竹林七賢中的其他兩人阮籍和嵇康時，三人相處甚歡，攜手歸隱山林。他不在乎錢財，經常乘鹿車，手裡抱著一壺酒，命僕人提著鋤頭跟在車子的後面跑，還說道：「如果我醉死了，便就地把我埋葬了。」他帶著扛鋤頭的男孩遊街，向世人宣佈死並不可怕，而是像生一樣正常，或許比生更加正常。劉伶嗜酒不足取，不過他的放誕行為是魏晉名士的行為藝術，想表現忘情生死的達觀哲學。

根據劉義慶（西元 403 年至西元 444 年）編著的《世說新語》一書記載：劉伶恒縱酒放達，或脫衣裸形在屋中。人見譏之，伶曰：「我以天地為棟宇，屋室為褌衣。諸君何為入我褌中？」劉伶喝醉了常裸體在家。人們嘲笑他，他反駁說，「我把天地看成自己的房子，房子則是我的衣褲，你們為何進入我的衣褲之中。」對竹林七賢一類的人物，和天地融為一體則可不拘禮法，看透生死則可目中無人。

莊子認為，死亡是無限宇宙中小小的自然變化。

> 「夫大塊載我以形，勞我以生，佚我以老，息我以死。故善吾
> 生者，乃所以善吾死也。夫藏舟于壑，藏山於澤，謂之固矣！
> 然而夜半有力者負之而走，昧者不知也。藏小大有宜，猶有所
> 遁。若夫藏天下於天下而不得所遁，是恒物之大情也。特犯人
> 之形而猶喜之。若人之形者，萬化而未始有極也，其為樂可勝
> 計邪？」

大自然把我的形體托載，並且用生存來勞苦我，用衰老來閒適
我，用死亡來安息我。所以，把我的存在看作是好事的，也就因這一
同樣的原因而可以把我的死亡看作是好事。將船兒藏在大山溝裡，將
漁具藏在深水裡，可以說是十分牢靠了。然而半夜裡有個大力士把它
們連同山谷和河澤一塊兒背著跑了，睡夢中的人們還一點兒也不知
道。將小東西藏在大東西裡是適宜的，不過還是會有丟失。假如把天
下藏在天下裡則不會丟失，這就是事物固有的真實之情。人們只要承
受了人的形體便十分欣喜，至於像人的形體的情況，在萬千變化中從
不曾有過窮盡，那快樂之情難道還能夠加以計算嗎？

死亡到來的那一天，我們非常害怕。我們希望擁有、抓住我們所
說的生命，但是它只是宇宙數百萬億種轉變之一。樹葉要飄零，太陽
必落山，星星將燃盡，我們也會死去。生和死是同一過程中的不同階
段。因此，如果認為生是美好的，那你也該認為死不是恐怖的。

> 在我離開這個世界之前，我永遠不會說，「我沒有做這件事，
> 或者我後悔我做了那件事。」相反，我會說，「我曾經來過，
> 我無怨無悔，無為也無不為。」

附文（一）
當紅衛兵敲我家門時

每年夏天，所有卡爾頓大學的新生都會拿到一本共同讀本，暑假閱讀，秋季到校以後全校對這本共同的書開展討論。2003 年的讀本是《巴爾扎克與小裁縫》（Balzac and the Little Chinese Seamstress），而且當時我被安排在開幕式的講話中談及這本書。以下內容節選自我在 2003 年 9 月 11 日於卡爾頓學院斯金納紀念堂所做的演講：

在卡爾頓學院的演講

阿基米德曾說過：「給我一個支點我就能撬動地球。」但問題是我們將支點定在哪裡？

物理學家說兩個物體之間的距離越長，杠杆的受力越大。我們得把杠杆架在我們與大自然美麗的有著我們子孫萬代未知的世界之間。有了如此堅實的基礎，我們便能撬動地球。

我親眼目睹過兩者連接的力量。當年我也就和你們一般大，經歷了中國的「文化大革命」。那是一場真真切切反文化的革命，它試圖通過破壞現代中國、傳統中國與其他國家的聯繫以建立無產階級革命文化。

「文化大革命」初期，紅衛兵搜查各家各戶，沒收「資產階級讀物及其他相關物件」。首批來到我家的紅衛兵是一群大學生，我的父母都是物理學教授，這群大學生恰好是他們的學生。一晚，紅衛兵大聲地敲打我家大門。就在那緊要關頭，我突然記起我母親有本日記，此本若落到紅衛兵手裡，我們將會

陷入極其危險的處境。紅衛兵闖進我家大門時，我抓起日記沖出了後門，跑到一英里外的一間公廁裡躲了起來。

廁所裡甚是安靜。月光與星辰透過窗戶灑了進來；熟悉的蟋蟀曲兒和未曾聽過的激進的紅衛兵進行曲交織于耳中，我讀起了這本保存完好的日記。我想在這本書還沒被遺忘之前把它的內容謹記於心。在月光下，我迫不及待地讀起了母親的日記，我每讀完一頁，就將其撕掉沖走。其中大部分內容都用精湛的中國書法寫成，有一些則是用英語寫的，當時的我還不會英文，所以沒讀懂。兩個小時後，我讀完了日記，這是我第一次瞭解到在成功人士為數不多的年代，我母親從偏遠山區的小女孩成長為物理學教授的全過程。當時，整個國家充斥著各種戰爭、饑荒與革命，而我的母親對知識的渴求使她與世界緊緊聯繫在一起。她在那個無法預言的時代找到了堅實的基礎。

走出公廁，仰望佈滿繁星的夜空，如此平靜、神秘、幻美，與漆黑的大地形成鮮明的對比。回到家時，紅衛兵已撤，家裡一片狼藉。但奇怪的是，我父母的個人劄記或學術論文都被奪走了，而其他上千本書籍卻原封不動。當我母親知道她的日記沒有被紅衛兵帶走而是被我撕毀了之後，她松了一口氣。

「他們是我在物理系的學生。」父親歎道。我不曉得他是因為被破壞的東西不多而感到慶倖，還是因為儒家學說提倡的神聖的師生關係遭破壞而感到悲慟。許多年後，我才明白父親當時說的那句話，那時「文化大革命」已經結束，父親當上了大學教務長。他提出的第一項政策就是要求理工科學生學習人文知識，人文學科學生要學習理工科的知識。紅衛兵因其世界觀狹隘，缺乏歷史感，因而沉湎於去搞破壞。當今之世，我們常講到善與惡。我相信當無知與權力相結合時，惡即生。

搜查房屋僅僅是個開始。接下來的日子裡，更多的紅衛兵陸續到來。新來的紅衛兵大多數是高中生，他們的行為更加粗暴，連非革命書籍都要燒毀。我們家當時做了一個決定，很可能在「文革」時期是絕無僅有的：紅衛兵敲門時，我們就把燈滅掉，不再去開門。一批又一批的紅衛兵路過我家漆黑的窗前，不過是猛擊我們的前門卻也不闖入。我想他們也不過是表面革命罷了，因為破門而入要費些力氣，也許這些紅衛兵還下意識地記得有人開門才能進入家大門。

連續十幾天夜裡，每當聽到有人猛烈地敲打家門時──那是人類製造的最醜陋的聲音，我們就會悄悄地躲在書堆裡。這些書的作者都有著世界上最美好的心靈，其中有李白、孔子、老子、莊子、牛頓、愛因斯坦和莎士比亞。我們冒險保護著這些書。幾個星期之後，不見房屋搜查了。但是「文化大革命」依舊持續了 10 年多，學校關閉，大多數書遭禁。萬幸的是我們的書仍舊完好無損，我們與世界之間的紐帶未曾斷開。我家與「文化大革命」孤軍奮戰，我們取得了勝利。在中國最黑暗的年月，我在科學、文學與歷史書中獲得了安慰與靈感。他們是我與世界溝通的堅實橋樑。

直至現在，我仍喜歡隱身在圖書館成堆的書籍雜誌中，閱讀、研究與寫作，仿佛有長城的掩護，遠離世界的喧囂與騷亂。有時我會將書置於腿上靜靜坐著閱讀，試圖與這神秘未知的世界緊緊相連，或望著窗外遠處的地平線，仿佛那天與地之間有什麼彼此相連接的東西。（我將此稱為冥思，但我妻子則稱為浪費光陰）

我喜歡坐在學習的殿堂裡，這裡格外寂靜，與那擾人的擊門聲相隔甚遠。

但如今我依舊要警示大家,尤其在 9.11 事件後(今天恰恰是 9 月 11 日):請不要把安全感想為理所當然。任何一種文化都不可能完全免受災難。如果你與世界脫節,可能就會聽見那陣討厭的敲門聲。

2003 年 9 月 11 日

附文（二）
紀念為美而死的海子

海子（1964 年至 1989 年）是在中國 1979 年改革開放之後出現的「朦朧派詩人」中一位短暫的明星。他曾兩次震驚世界：第一次是他 15 歲時，被著名的北京大學錄取；第二次是 25 歲時，他臥軌自殺。在這兩次事件中間，他寫了 200 萬字的詩歌和散文，成為耀眼的文學明星。

海子活著的時候，我們不曾是朋友，但是現在他死後我成了他的朋友。根據他最好的朋友西川所寫的《關於海子之死》記載，海子自殺時身上帶著四本書，分別是《聖經》、梭羅的《瓦爾登湖》、托爾．海爾達爾（Thor Heyerdahl）的《孤筏重洋》和《康拉德小說選》。當我看到海子帶到另外一個世界的最後一本書的名字時，我非常難過，但也非常榮幸，因為《康拉德小說選》正是我編譯的。在 1982 年我去美國之前，我把《康拉德小說選》手稿交給了出版社，從那以後我除了知道此書已經出版之外，再也沒有聽到有關它的任何消息。現在我接到了作為作者想得到的最震撼人心的回饋。海子對我來說不再是陌生人。當時我並不知道自己曾經擁有這麼一位真誠的朋友和旅伴。我們曾一起步入《黑暗之心》，一起在《颱風》中航行。我們一起去了那裡，我們一致認為我們喜歡那些地方的美麗。我離開了，但是他永遠地留在了那裡。

海子為美而逝，正如烈士因公殉職一樣。美麗對待我們的方式，與責任對待我們的方式不同。埃倫．斯特吉斯．胡帕（Ellen Sturgis Hooper）（1812 年至 1848 年）的詩歌討論了責任與美麗之間的關係：

夢裡人生如此美麗，

醒來發現人生乃是義務。

難道夢只是虛無縹緲的謊言？

繼續苦幹吧，失意的心，勇敢地，

你將發現你的夢境是

正午的陽光，於你是那般的真實。

職責是一種命令，而美麗是一種鼓舞。美是自由，職責是約束。然而，我們與美的關係和我們與職責的關係是一樣的。我們可以拒絕美的吸引，就像我們可以拒絕職責的要求一樣。不過，職責就像美一樣，拒絕了就要受到懲罰。海子以美的名義拒絕了職責，他為此付出了昂貴的代價——他的生命。

海子是位不切實際的英雄。他以反對世界的心靈測試作為開始，以追求精神自由而摧毀自己的身體作為結束。他認為他可以將中國的現實塑造成為外國彌賽亞的天堂形象（彌賽亞，古猶太語，希伯來文「救世主」。如基督教裡的彌賽亞就是耶穌），就像梭羅的瓦爾登湖、海爾達爾的木筏以及康拉德的海洋所描述的一樣。就像堂吉訶德一樣，他註定要成為失敗的英雄。這位中國俠客通過與自築的牢獄柵欄鬥爭而摧毀了自己。他不屬於任何世界，既不屬於外國也不屬於中國。他太專注於自己的精神之旅而沒有好好地鍛煉他的航行技能。他喜歡大海，但是不會游泳。他喜歡浪漫，但是不會跳舞。他熱愛地球，但是不會騎自行車。他熱愛生命，但是不會生活。他熱愛美，並且成功地創造了獨特新穎的文字與韻律的世界。從這個意義上看，他是成功的。

海子應該讀過刻在康拉德墓碑上的語錄。我在《康拉德小說選》的前言引用了它。這墓碑豎立在英國坎特伯雷聖托馬斯教堂：

勞累後的睡眠，暴風後的港口，

戰亂後的和平，生命後的死亡，

這是最大的快樂。

我相信這首出自喬治・約翰・斯賓塞（George John Spencer）的詩不是導致海子尋死的原因，但是卻證明了海子想永遠休息的願望。他選擇為美而死，就像有些人選擇為真理而死一樣。海子的墓誌銘應該是艾米麗・迪金遜（Emily Dickenson）的詩：

殉美

我為美死去，但是還不曾

安息在我的墓裡，

又有個為真理而死去的人

來躺在我的隔壁。

他悄悄地問我為何以身殉？

「為了美。」我說。

「而我為真理，兩者不分家；

我們是兄弟兩個。」

於是像親戚在夜間相遇，

我們便隔牆談天，

直到青苔爬到了唇際，

將我們的名字遮掩。（餘光中譯）

或者是陶淵明的詩：

死去何所道，托體同山阿。

或者海子自己的詩能更確切地表達：

春天，十個海子

春天，十個海子全部復活

在光明的景色中

嘲笑這一野蠻而悲傷的海子

你這麼長久地沉睡到底是為了什麼？

春天，十個海子低低地怒吼

圍著你和我跳舞，唱歌

扯亂你的黑頭髮，騎上你飛奔而去，塵土飛揚

你被劈開的疼痛在大地彌漫

在春天，野蠻而悲傷的海子

就剩這一個，最後一個

這是一個黑夜的孩子，沉浸于冬天，傾心死亡

不能自拔，熱愛著空虛而寒冷的鄉村

那裡的穀物高高堆起，遮住了窗戶

他們把一半用於一家六口人的嘴，吃和胃

一半用於農業，他們自己繁殖

大風從東吹到西，從北刮到南，無視黑夜和黎明

你所說的曙光究竟是什麼意思[1]

1　Hai Zi, An English Translation of Poems of the Contemporary Chinese Poet Hai Zi, trans Hong Zeng (Lewiston, New York: Edwin Mellen Press, 2006).

　　海子按著他自己所說的那樣去做了，在臨近長城的起點處選擇了自殺。在那裡，高山與大海相遇。他的死亡是他的激情、奉獻以及信仰的英勇浪漫的宣言。當他自願地回歸高山與海洋的時候，人們終於相信他在詩中「怒吼」是真情而不是假意了。

　　詩歌隱藏於打開或關閉的門之後，讓那些往裡面看的人猜測敞開門的時候他們可能會看到什麼。海子的詩就像天鵝留在雪地裡的痕跡一樣，是他生命的足跡。讓我們打開門，讓大家看看我們那顆短暫的明星。

附文（三）
學生的貢獻

　　2006 年春，卡爾頓學院（Carleton College）趙啟光的課程「道家健康與長壽之道：太極和其他形式」的 59 名學生被分為六組，各自寫下了他們運用新道學的宣言。

　　我還要求學生們堅持寫下他們的課堂回饋日記。以下團隊宣言和課堂日記的節選都是他們十周以來學習道家哲學及如何將道家哲學運用于現代生活的產物。下面就是他們所說的話，有團體的也有個人的。

　　學生團體：

乾杯組：

凱特琳・波威斯克

大衛・秦

瑞吉兒・丹納

莉安妮・希爾伯特

克雷格・霍格爾

卡倫・李

馬修・謝爾敦

老漁夫組：

威廉・班尼特

飛利普・卡斯肯

安娜・英格

如水組：

拿俄米・海托裡

亞倫・考夫曼

瑪麗・金

保羅・凱尼格

諾拉・瑪律貝格

尼魯帕・佩雷拉

查理斯・伊

水與沙相連之處組：

貝基・亞歷山大

麥特・巴特爾

伊莉莎白・格拉夫

大衛・卡明　　　　　　馬克・斯圖爾特

蘇菲・科曼　　　　　　亞倫・維納

格瑞格・馬里亞夫　　　克利斯蒂・韋勒

凱利薩・斯庫利茨　　　卡蒂・偉洛

安德魯・厄爾曼

分類者組：　　　　　**孤掌之鳴組：**

艾利克斯・鮑姆　　　　雅各・希契科克

珍・雲　　　　　　　　安東尼・麥克艾麗戈特

固永俊　　　　　　　　勞倫・米爾恩

孫何　　　　　　　　　美耿・莫爾泰尼

克裡斯・楊　　　　　　艾米麗・繆爾黑德

秀媛・傑費裡・於　　　彼得・歐茲

　　　　　　　　　　　薩姆・羅貝爾

無為的概念可以通過兩名男子被困在湍流中的故事加以說明。第一名男子因為年紀太大身體太虛弱，無法在急流中抗爭，他選擇了讓急流帶他順流而下。由於向急流屈服，他被帶到了平靜的水面。第二名男子試圖在急流中抗爭，最後被淹死了。那名年歲已高的男子發現了水的習性，順流而下，到達安全地帶。你不能和自然抗爭，認為自己能改變永恆的路徑，這是驕傲自大的表現。

　　　　　　　　　　　　　　　　　　　　　　　——孤掌之鳴組

通過試圖「回到源頭」，我們正在嘗試到達更高的思想狀態，一種虛無的狀態。這種狀態不是意味著無知或者悲觀，而是反對控制社會或者違背自然規律。

　　　　　　　　　　　　　　　　　　　　　　　　　　——乾杯組

不是每一個問題都需要處理，也不是一切看起來錯誤的都是不好的。

——艾利克斯・鮑姆

我們就像河裡的一滴水，注意不到自己在流動，因為其他水滴也同樣在流動。當我們只需要休息並順應宇宙之流時，我們卻總是努力地動。

——丹・愛德華

我們漫無目的地前行，我們應該注重現在。我們要明白我們是整個宇宙的一部分，在時間和空間延伸；也要意識到，對於我們所處的時間和空間，我們是有限的，我們應該平衡對這兩方面的認識。忽視這些就等於不知道這條漫無邊際的道路將要把我們帶向何處。

我認為它就像一幅巨大的壁畫，例如，西斯廷教堂的壁畫。當然米開朗基羅將它視為整體來創作，但是同時，為了整體的勝利，每個個體都需要特殊的照料和關心。

——格瑞格・馬里亞夫

這是個神奇的時刻：此時你能清楚地看到某個星座，或者在春天看到一棵正在發芽的樹。但是，同時你也會想：「為什麼我們沒有早點發現它呢？」

——詹妮・歐亞蘭・科洛斯基

宇宙最驚人的方面是自然——行星、衛星、恒星的運行，壯麗又自然。水流、鳥飛，以及樹在風中搖曳等現象也都美得如此自然。

——馬克・塞沃茨蓋德

通過學習道家學說，我已經意識到我在宇宙中的角色並不十分
重要。有了這樣的意識，我成了宇宙的一部分，也成為宇宙的
主人。然而，我並不瞭解宇宙，因為我並沒有完全瞭解自己，
但是，目標不是最終的目的地。充分認識自己，是人生旅途中
要實現的目標，因為旅途中包含著美麗與認知。

——孤掌之鳴組

在我的人生旅途中，我注意到，在那些空間比較大的地方（例
如戶外或者小城鎮），時間似乎放慢了腳步，有些時候甚至會
停止。而在那些空間有限的地方（大城市），時間似乎不為任
何人停留。

——克利斯蒂・韋勒

我們現在無法憑直覺來理解「道」的概念，因為我們的頭腦裡
擠滿了唯物主義的擔憂。道家不是要將我們改造成為全新的
人，而是試圖讓我們回到最初的狀態，遠離社會墮落。在這種
狀態下，人會變得順從、自由且輕鬆。

——卡倫・李

任何事物都依賴于其對立面而存在，沒有對立面，你就無法定
義你自己。

——彼得・歐茲

月亮帶動了潮漲與潮落。
為什麼月亮會影響潮汐呢？
樹木生長，發出嫩芽。

但是，樹在發芽，樹根又知道些什麼呢？

消除了差異，會發現是樹根滋養著樹葉，
潮汐隨著月亮而漲落。

聖人從簡單中看見了善：
誰會想到海水在跟月亮戰鬥？
成為一體，起起伏伏，是它們滋養了我們。
如果樹根忘記了樹葉，它們都會死去。

——老漁夫組

為了說明逆轉的原則，讓我們來看看水的運動吧。首先，海水
有波浪。波浪會湧向岸邊，但是當它們到達岸邊的時候，它們
又退了回來。其次，再看看規模更大的潮汐。幾個小時內，海
灘上的水會撲上岸邊，一直升高，直到它達到頂峰，然後就開
始逆轉、退潮。當我們認識到潮汐是由月亮的運動引起的時
候，也幾乎可以肯定，逆轉是宇宙的原則。
逆轉的原則在我們的日常生活中也很明顯。當我們意識到自己
犯錯誤的時候，我們就會改變我們的行為，糾正錯誤，那就意
味著我們必須逆轉。逆轉的原則也存在於我們的生活之外。我
們能夠倖存，是因為我們一生下來就依靠他人。隨著時間的推
移，我們對他人的依賴慢慢減少，直到我們實現獨立。然而，
隨著我們逐漸變老，我們又會慢慢地變得依賴於他人，並且依
賴得越來越多，直到沒有他們我們就不能生存。

——如水組

今天談論逆轉的時候，我想起了第一次上的美術課。在美術課的前六周，畫畫的時候，老師不允許我們用橡皮擦。老師告訴我們這樣練習教會我們如何信任自己的本能。往往你畫的第一條線是最好的，比後面任何一次修改都要好。如果我們一遍又一遍地抹掉，最後通常要麼重新開始，要麼又重新用我們畫的第一條線。這樣看來，相信你的本能比一直不停地畫更管用，因為最終我們會回到剛開始的地方。

——瑪麗・金

聖人創造了很多隱晦的言論。
他說得很籠統：
有名，
便是常名。
無名，
便不可名，
他稱之為道。
可名，卻沒有定義，
有定義，卻沒有名。

——老漁夫組

如果我給某些東西命名，我就會將它與其他東西區分開，但是道是不可分離的，不能拿刀子從宇宙中切出一小塊說這就是道。用李小龍的話來說，「就像用手指指著月亮，別看手指，不然你會錯過天空中所有壯觀的景象。」在這裡，語言就是我們的手指，老子指的是「道」，但是如果我們太關注於「道」的字眼，我們就無法領會其含義。

——威廉・班尼特

談到命名的時候，我想起了莎士比亞所說的：「名字有什麼關係？把玫瑰花叫作別的名稱，它還是照樣芬芳。」人們陷入了名字的困擾中：看見母親抱著她的小孩，人們總會先問「給他起名字了嗎？」一些新的東西出現時，我們總要想該怎麼稱呼它，但是最後卻發現，這都不重要。

——克利斯蒂・韋勒

也許空瓶的概念就是鼓勵不往裡面放任何東西。不要把你可愛的內衣一直保存到某個特殊的日子才拿出來穿，讓今天就成為那個特殊的日子吧。

——貝基・亞歷山大

對於那些生活在最富有的國家的人來說，很難接受「不要填得太滿」的想法。我們生活在「花 6.95 美元隨便吃」的世界，從來不知道，將自己填得太滿，其實並不利於身體健康，也不利於保持良好的精神狀態。

——美耿・莫爾泰尼

我們生活在消費經濟社會，定期、重複的廣告使我們認為，只有擁有金錢和物質才能獲得幸福。在我們生活的社會裡，要體現錢的價值，我們必須有超級大的容量。如果我們為了尋找幸福向現代文化看齊，我們很可能會發現自己永遠不會滿足。無論我們怎麼試圖填滿自己的生活，我們仍然希望得到更多。

相反，向內看。正如「道」是個空瓶，我們必須擺脫對物質的依賴。我們的價值不是由擁有多少財產來決定的。真正有實用性的不是滿到邊緣的容器，而是空的容器。只有當我們是空著

的時候我們才能夠將自己的東西裝進來，而不是別人告訴我們
應該裝什麼就照做。

——乾杯組

水能載舟。
如果漁夫日夜不停地劃槳，小船就會翻倒。
如果漁夫什麼都不做，他就會漂流。
但是如果他順著水流指引小船，
他最終將會找到他要找的東西。

——老漁夫組

現在存在的就是一切存在的。
認為它曾是，或它應該是的想法，
只會帶來擔憂和悔恨。
若我們摒棄這些想法，
我們就能贏得快樂。

——老漁夫組

逃避總是好的嗎？難道我們不是應該面對生活而不是逃避生活
嗎？無為不等於逃避一切。

——蘇菲·科曼

乘著夜間遺忘的潮汐，便可思考「道」。而這只有通過睡眠才
能真正發生，因為人在夢中不能那麼有條理地思考，而是受心
靈的週期所指引。只有當你釋放所有的願望、所有的目標、所
有的存在感，通過活著來接近死亡，你才能懂得道。

——分類者組

沒有人知道我們是不是自己。我無法分辨，當我晚上閉上眼睛
睡覺的時候，世界是否存在。我們每個人都可能是一隻蝴
蝶——每晚睡覺的時候又變回去了，如莊周夢蝶一般。

——水與沙相連之處組

如果我們無法辨別什麼是真的什麼是假的，也許就可以隨時隨
地創造美，我們也希望醜陋只是一種幻覺。

——蘇菲·科曼

我們通過吸氣填滿腹部，這樣才能夠將心靈放空，不去想任何
事。超越我們身體的每個部位，用我們整個身體去呼吸，我們
就可以超越宇宙表面的個體而從整體上看問題。

——水與沙相連之處組

我已經寫了 20 頁的論文材料，並解決了複雜的數學問題。但
是回到我自己的問題上就是，我得完全重新學習如何做那些自
從我生下來就知道的事情。到目前為止，重新學習怎麼去呼吸
是最複雜的事情。

——卡倫·李

如果你忽略自己的無知，你就無法進一步學習，就會繼續無知
地以為自己什麼都知道。

——安東尼·麥克艾麗戈特

最終理解自己的精神追求是我們在認知方面的最大追求，也是
我們應該去做的事情。在學校的學習可能令人印象深刻，但是

與啟蒙相比，它什麼也算不上。

——亞倫·考夫曼

你必須去學習一些東西以達到不用學習它的目的。目標不在於學習而在於絕學，這就是老子的本意嗎？

——蘇菲·科曼

你不必學習道學嗎？難道你不能從外界學習嗎？如果你不學習你怎麼能改變你自己？人類似乎要學習所有事情，這是我們本性中的一部分，我們就是通過學習來成長的。我們怎麼能拒絕自己的本性呢？

——勞倫·米爾恩

我不知道這是否是在暗示我們少學習多擔憂。擔憂是人有了學問後的反應。難道老子所說的意思是「忘記你如何學會擔憂的，因為我將教你一種新的方法來處理那些會讓你擔憂的事情」？

——克利斯蒂·韋勒

我們需要回歸本性：餓了就吃，累了就睡，癢了就撓，不粗魯也不矜持。

——貝基·亞歷山大

反者道之動。人人都迫不及待地想長大。道家學者說不，我們將回到嬰兒期。填飽肚子，不用去擔心生活中的各種小事。我們將成為白紙一張。

——美耿·莫爾泰尼

道家的路途是漫長的，
這條路無法規劃設計。
若執著于未來或者過去，
你將永遠無法做好準備。
前行吧，不要設想未來，
這樣你才能時刻準備著。
記住，現在只會發生一次，
不要浪費你的機會。
未來永遠處於地平線上，
不要讓它分散你現在的注意力。

——格瑞格‧馬里亞夫

我們如何處理真實的直接的衝突？我們可以心中有道，但是當
我們面臨一些令人震驚的錯誤行為時，從道家的角度看，我們
應該做些什麼？難道因為沒有對錯之分，我們就應該對殺人置
之不理嗎？就因為無論怎樣他們日後終將死亡嗎？

——蘇菲‧科曼

玫瑰不是為變美而美，它本來就是美的。

——葛列格里‧伊利

生命與表達和激情相關，沒有它們，你就不能生活。你可以活
著，但是別人看不到你，未來也不會認可你。這就像沒有生命
的生活，是永恆的死亡。對於死亡，我們束手無策，但我們可
以通過表達讓生活變成死亡真正的對立面。

——彼得‧歐茲

在音樂中，美麗來自音符，也來自音符與音符之間的停頓。兩者對立又統一，兩者結合起來比各自單獨的作用更強大。

——安德魯‧厄爾曼

我認為最好的藝術捕捉了普遍性的一刻，捕捉了使之成為永恆的時刻。我們為什麼要讓某個人的眼神或落葉的飄零成為永恆——如果它們不是一直在逃避我們？

難道我們可以說藝術逆轉了時間的衰落過程嗎？然而與此同時，藝術本身也會變老，也會衰落，甚至對於同一個人（下次看到同一件藝術品的時候已經有所改變的人），藝術的含義通常也會改變。藝術囊括了生與死。

——蘇菲‧科曼

我們完全依賴於宇宙，但是在這種依賴中，我們發現了不必擔心的自由。

——蘇菲‧科曼

對於我們在乎的人，生與死是不可互換的。即使時間也沒有明確的定義，我仍要和我在乎的人一起生活。僅這一個原因就值得我們去珍惜生命。

——克雷格‧霍格爾

有些時候我們不能再漫無邊際，而是要腳踏實地，意識到我們都是人，都需要一般人需要的樂趣：音樂、愛情、友誼、嬉鬧，美食，舞蹈，一切你喜歡的東西。

——馬克‧斯圖爾特

如果我們不設法去贏，我們就不會輸。因此，只要不存在
「贏」，從來就不會有什麼結果。

——馬克·斯圖爾特

順其自然，
隨風而去，
道會找到你。

就讓敏捷的狐狸跳躍吧，
我將選擇成為一隻懶惰的狗，
但是我會實現自己的目標。

每天留下一定的時間，
工作是有價值的，
而平靜是無價的。

——貝基·亞歷山大

用自己的能力和知識去做大事和無欲無求地過簡單的生活，哪
個更好？有沒有既「偉大」又無為的生活呢？

——麥特·巴特爾

生命中本沒有目標。我們為自己設置了一個目標，因為沒有目
標我們將無法應對生活。

——凱特琳·波威斯克

我就是我：你是誰？

——瑞吉兒‧丹納

是什麼讓我們比松樹更特別？至少松樹對它自己很滿意，並不
羨慕周圍鮮花的豔麗。至少松樹一生都盡到了自己的職責，沒
有任何牢騷和抱怨。人類在許多方面都有我們自己不知道的
缺點。

——凱文‧裡奧

當我們踏入未來，我們以持續增長的速度實現了技術創新，我
們就像那些擁有好車、好馬以及好車夫的人一樣。現在我們的
車比之前的更好，它是一架噴氣式飛機；我們淘汰了馬，因為
它太慢了；我們的飛行員更好，他們都在專門的飛行學校受過
多年的訓練。然而，如果我們的方向是錯誤的，我們擁有這些
也是無用的。隨著我們的地位越來越高、步伐越來越快，我們
一定不要忘記從以往更慢的速度、更低的地位以及更弱的姿態
中獲得的教訓。

——老漁夫組

有目標，就不能輕言放棄。

——分類者組

道有時候讓我想起羅伯特‧弗羅斯特（Robert Frost）的
詩——《未選擇的路》（The Road Not Taken）。大多數人認為
弗羅斯特是高興的，因為他選擇了很少人走的那條路，但是這
並不是他的意思。弗羅斯特的意思是，這造就了一切的不同。

有誰知道他所指的不同是什麼呢？我想道將會領著我走一條下坡的路。但是如果你一直走下坡路，你就永遠也看不到太陽升上樹梢。

——麥特・巴特爾

如果我們的奮鬥沒有結束的一天，我們還會自尋煩惱地踏上這個征程嗎？我希望我們會，但是我還是有一點疑慮。

——詹妮・歐亞蘭・科洛斯基

星空下的太極是非常平靜的，在某種程度上就像被獨自遺留在世界上。如果（除了你之外）沒有一個人醒著或者在外面，你就能真正感覺到自己是獨自一個人。另一方面，白天消失的事物，夜晚會出現，因此你可以和世界的另一半相連。

——艾米麗・繆爾黑德

「你不需要在袖子上貼徽章來顯示你的榮譽。」——《好人寥寥》

——貝基・亞歷山大

仇恨和敵意是有毒的。有時兩者充斥著我的內心——現在它們變少了，感謝上帝——我發現它們會讓我身體不適，幸好我已經真正地讓它們消失。如果那不是證據，我也不知道什麼是證據。

——保羅・凱尼格

奉行道德操守的人能分享別人的幸福，同時也能分擔那些正在承受苦難之人的痛苦。他們會非常謙虛，不嫉妒，不做憤怒的行為。通過遵循道德行為，他們保持自然的節奏，反過來這些

也將引導他們融入宇宙之道。

——尼魯帕·佩雷拉

如果我們待人友善，積極輕鬆地向我們遇到的所有人打招呼，面帶微笑，我們就是在創造一種新的統一的運動。也許，溫暖會在人與人之間傳遞。什麼都沒有失去，且人人都有收穫。

——艾萊尼·希爾莫

如果你什麼都沒有，你什麼都不會失去。
如果你什麼都不渴望，你就永遠不會留下遺憾。
失去的痛苦是自己造成的。
知足的快樂是自己保護的。
接受現在的美好，
你將永遠快樂。

——老漁夫組

出生並不是我的開始，因為我在出生前就已存在；死亡也不是我的結束，因為死後我也將永存。

——安德魯·厄爾曼

人可以既愛生也愛死。不畏懼死亡也不意味著人不能延長壽命。

——艾利克斯·鮑姆

如果有人想通宵聚會，這並不是意味著他們害怕睡覺。

——潔西嘉·泰勒

當人們死去，我們不是為他們哭泣，我們是為我們自己哭泣，
因為我們變成獨自一人。

——凱特琳·波威斯克

如果總是畏懼死亡，我們就永遠不能享受生活。生活在死亡的
恐懼中，人幾乎不會做任何可能會構成危險的事情。不要害怕
死亡，我們應該運用反向思維，當我們意識到自己在地球上的
時間有限時，我們應該感到欣慰。有了這樣的認知，我們就能
努力充實生命的每一刻。

——拿俄米·海托裡

我們為什麼害怕未知的事物？難道我們知道的就值得去堅持嗎？

——保羅·凱尼格

在現代生活中，我們試圖通過戒煙或者系安全帶等身體上的保
護措施來避免死亡。我們總是與自身以外的人作鬥爭。道家學
說認為，真正的敵人是自己的習慣心態。莊子在他的妻子去世
時擊鼓歡送，他並非通過戰鬥，而是通過轉變看問題的視角而
打敗了死亡。

——勞倫·米爾恩

如果在任何時候都能真正地接受死亡和痛苦，說明這個人在生
活中肯定是知足的。
——克利斯蒂·韋勒

鳴謝

　　我要感謝家人給予我的關愛和支持，感謝我的父母親用科學的方法教我文化、文學和人生哲學。我的父親趙景員先生是物理學教授，他睿智而幽默，讓我傾心于中國傳統及其在現代生活中的應用。我的母親王淑賢也是物理學教授，她擅長寫古詩。就在她去世前的幾個月，我們還討論過本書的一些觀點和插圖。我的兩個哥哥也都是物理學家。大哥趙啟正，曾出版過二十幾本書，有宗教方面的，也有國際交流方面的。在我撰寫本書時，他總是鼓勵我去呈現更有包容性的觀點，吸引更多的讀者。我的二哥趙啟大，在我小時候，邊畫畫邊給我講故事，並稱之曰畫講，所以我在教室講課的時候，也學會邊在黑板上畫畫邊給我的學生們講課。寫這本書的時候我也是這麼做的。我要感謝我的編輯薩曼莎・柯爾克（Samantha Kirk），她工作高效，對本書的出版有重大貢獻。

　　感謝卡爾頓學院（Carleton College）對本書的出版給予經濟和學術上的支援。校園裡美麗的湖泊和森林，還有令人深思的教員、職工、學生，這些都為我們交談、寫作和思考提供了最平靜的環境。同時也非常感謝學生們的支持和參與。

　　多年以來，在我的《道家健康與長壽之道：太極和其他形式》這門課上，學生們擠在教室裡發表自己的聰明見解，在校園小島表演太極。蘇菲・科曼（Sophie Kerman）記錄並整理了最原始的資料。潔西嘉・泰勒（Jessica Taylor）編輯了書稿並掃描了插圖。後來凱特琳・賈斯丁（Kaitlin Justin）接手了編輯工作，凱薩琳・伊莉莎白・

莫爾-斯卡米茲（Kathryn Elizabeth Mall Schmidt）和詹妮‧卡弗雷（Jane Caffrey）幫助我完成了最後階段的書稿編輯工作，並且提出了很好的建議。

安卓爾‧維斯（Andrew Weis）博士對我的書稿很感興趣，同我分享他對道家的見解。他認真仔細地讀完了書稿，並提出了非常有價值的評論和建議。感謝羅傑‧萊斯利（RogerLasley）先生，他讀完書稿也給予了很有幫助的建議。我還要對我的同事洪增教授表達最真誠的感謝，因為自撰寫本書以來，他一直支持著我。

書中的很多觀點，都是我 2007 年在上海衛視做「老子系列」的脫口秀節目時形成的。感謝復旦大學的錢文忠教授推薦我去參加這檔節目。感謝其製片人於永進、主持人金波、電視臺導演夏甯，是他們共同努力，為無數觀眾打造了這一系列節目。

幫助過我並給予我啟發和靈感的人還有很多，恕無法在此一一列舉，我在此對他們表示最真誠的感謝！

趙啟光

當代名家叢書·趙啟光選集　A0501003

無為無不為

作　　者	趙啟光	
責任編輯	蔡雅如	
發 行 人	陳滿銘	
總 經 理	梁錦興	
總 編 輯	陳滿銘	
副總編輯	張晏瑞	
編 輯 所	萬卷樓圖書股份有限公司	
排　　版	林曉敏	
印　　刷	百通科技股份有限公司	
封面設計	菩薩蠻數位文化有限公司	
出　　版	昌明文化有限公司	
	桃園市龜山區中原街 32 號	
	電話 (02)23216565	
發　　行	萬卷樓圖書股份有限公司	
	臺北市羅斯福路二段 41 號 6 樓之 3	
	電話 (02)23216565	
	傳真 (02)23218698	
	電郵 SERVICE@WANJUAN.COM.TW	
大陸經銷		
廈門外圖臺灣書店有限公司		
	電郵 JKB188@188.COM	

ISBN 978-986-496-043-9

2017 年 7 月初版

定價：新臺幣 260 元

如何購買本書：

1. 劃撥購書，請透過以下郵政劃撥帳號：
   帳號：15624015
   戶名：萬卷樓圖書股份有限公司

2. 轉帳購書，請透過以下帳戶
   合作金庫銀行　古亭分行
   戶名：萬卷樓圖書股份有限公司
   帳號：0877717092596

3. 網路購書，請透過萬卷樓網站
   網址 WWW.WANJUAN.COM.TW

大量購書，請直接聯繫我們，將有專人為您服務。客服：(02)23216565 分機 10

如有缺頁、破損或裝訂錯誤，請寄回更換

版權所有·翻印必究

Copyright©2016 by WanJuanLou Books CO., Ltd.

All Right Reserved　　**Printed in Taiwan**

國家圖書館出版品預行編目資料

無為無不為 / 趙啟光著. -- 初版. -- 桃園市：
昌明文化出版 ; 臺北市 : 萬卷樓發行,
2017.07　面 ；　公分. -- (當代名家叢書. 趙
啟光選集 ; A0501003)
ISBN 978-986-496-043-9(平裝)
1.道德經 2.研究考訂 3.通俗作品
121.317　　　　　　　　　　106011526

本著作物經廈門墨客知識產權代理有限公司代理，由海豚出版社授權萬卷樓圖書股份有限公司出版、發行中文繁體字版版權。